Índice

INTRODUCCIÓN

La Importancia del ERP en una PYME

En el entorno empresarial actual, caracterizado por la competitividad y la rápida evolución tecnológica, las pequeñas y medianas empresas (PYMEs) deben buscar constantemente maneras de mejorar su eficiencia operativa y optimizar la gestión de sus recursos. Un sistema de planificación de recursos empresariales (ERP, por sus siglas en inglés) se presenta como una solución integral que puede transformar significativamente las operaciones de una PYME. Los ERPs centralizan la información y los procesos empresariales en una única plataforma, permitiendo una gestión más eficaz y coordinada de todas las áreas de la empresa, desde las finanzas y la contabilidad hasta la gestión de inventarios y las ventas.

La implementación de un ERP permite a las PYMEs:

- **Mejorar la eficiencia operativa**: Automatizando procesos manuales y reduciendo la redundancia de tareas.
- **Tomar decisiones informadas**: Gracias a la disponibilidad de datos precisos y en tiempo real.
- **Aumentar la satisfacción del cliente**: Mediante una mejor gestión de las relaciones y un servicio más eficiente.
- **Facilitar el crecimiento**: Proporcionando una base sólida para la expansión y la adaptación a nuevas oportunidades y desafíos.

Objetivos del Libro

Este libro tiene como objetivo proporcionar una guía completa y práctica para la selección, implementación y optimización de un sistema ERP en una PYME. A lo largo de los diferentes capítulos, se abordarán todos los aspectos clave del proceso, desde la evaluación inicial de las necesidades empresariales hasta la gestión del cambio y el soporte post-implementación. Los objetivos específicos del libro incluyen:

- **Proporcionar una comprensión clara de qué es un ERP y sus beneficios para las PYMEs.**
- **Ofrecer una metodología estructurada para la selección del ERP adecuado según las necesidades específicas de la empresa.**
- **Guiar a través de los pasos necesarios para una implementación exitosa, incluyendo la planificación, la migración de datos, la personalización y la capacitación del personal.**
- **Destacar las mejores prácticas para el soporte post-implementación y la mejora continua del ERP.**
- **Presentar casos de éxito reales y lecciones aprendidas de PYMEs que han implementado ERPs con éxito.**

Metodología

El enfoque metodológico adoptado en este libro combina tanto aspectos teóricos como prácticos, ofreciendo una perspectiva completa y aplicable a la realidad de las PYMEs. La metodología se basa en:

1. **Análisis Teórico**: Proporciona los fundamentos conceptuales y teóricos necesarios para comprender el funcionamiento y los beneficios de los sistemas ERP.
2. **Estudios de Caso**: Presenta ejemplos reales de PYMEs que han implementado ERPs, destacando los desafíos

enfrentados y las soluciones adoptadas.

3. **Guías Prácticas**: Incluye pasos detallados y recomendaciones prácticas para cada fase del proceso de implementación del ERP.

4. **Herramientas y Recursos**: Ofrece herramientas útiles y recursos adicionales que las PYMEs pueden utilizar para facilitar la selección, implementación y optimización del ERP.

CAPÍTULO 1: ¿QUÉ ES UN ERP?

Definición y Conceptos Básicos

La Planificación de Recursos Empresariales, conocida comúnmente como ERP (Enterprise Resource Planning, por sus siglas en inglés), es un término que ha ganado prominencia en el mundo empresarial durante las últimas décadas. Un ERP es un sistema de software que integra todas las funciones y departamentos de una empresa en un único sistema unificado para mejorar la eficiencia y la efectividad de la gestión empresarial. Este capítulo explorará en profundidad qué es un ERP, sus componentes, cómo funciona y por qué es vital para las PYMEs en la actualidad.

Historia y Evolución de los ERPs

El concepto de ERP no surgió de la nada. Su evolución puede rastrearse a través de varias etapas clave en la historia de la informática y la gestión empresarial.

1. **Los Primeros Sistemas de Contabilidad y Gestión de Inventarios**: En las décadas de 1960 y 1970, las

empresas comenzaron a utilizar sistemas informáticos básicos para tareas específicas como la contabilidad y la gestión de inventarios. Estos sistemas eran rudimentarios y aislados, pero sentaron las bases para el desarrollo de soluciones más integradas.

2. **Material Requirements Planning (MRP)**: En la década de 1970, surgieron los sistemas MRP, que permitían a las empresas planificar y controlar la producción y los inventarios de manera más eficiente. Los MRP fueron los precursores de los sistemas ERP, ya que empezaron a integrar varias funciones dentro de una misma aplicación.

3. **Manufacturing Resource Planning (MRP II)**: Durante los años 1980, los sistemas MRP evolucionaron hacia los MRP II, que incluían no solo la planificación de materiales, sino también la gestión de otros recursos de producción, como la mano de obra y las instalaciones. Los MRP II ampliaron el alcance de los sistemas de gestión empresarial y establecieron las bases para los ERPs modernos.

4. **Aparición de los ERPs**: En la década de 1990, la evolución tecnológica permitió el desarrollo de sistemas ERP, que integraban todas las funciones empresariales en un solo sistema. Los primeros ERPs se centraron principalmente en la fabricación, pero rápidamente se expandieron para incluir otros sectores como la distribución, los servicios y el comercio minorista.

5. **ERPs Modernos**: Hoy en día, los ERPs son sistemas sofisticados y altamente configurables que pueden ser adaptados a las necesidades específicas de cualquier tipo de empresa. Incorporan tecnologías avanzadas como el análisis de datos, la inteligencia artificial y la computación en la nube, ofreciendo una mayor

flexibilidad y escalabilidad.

Componentes de un ERP

Un sistema ERP está compuesto por varios módulos interrelacionados que abarcan todas las áreas funcionales de una empresa. A continuación, se describen los principales módulos que suelen encontrarse en un ERP:

1. **Módulo de Finanzas y Contabilidad**: Este módulo gestiona todas las transacciones financieras de la empresa, incluyendo la contabilidad general, cuentas por pagar y por cobrar, gestión de activos fijos, y preparación de informes financieros. Permite a las empresas mantener un control riguroso sobre sus finanzas y cumplir con las normativas contables.

2. **Módulo de Recursos Humanos (RRHH)**: Gestiona todas las funciones relacionadas con el personal de la empresa, como la nómina, la contratación, la formación, la evaluación del desempeño y la gestión de beneficios. Ayuda a las empresas a gestionar eficientemente su capital humano.

3. **Módulo de Gestión de Inventarios**: Controla todos los aspectos relacionados con el inventario de la empresa, incluyendo la recepción, almacenamiento, seguimiento y distribución de productos. Permite una gestión precisa del inventario, reduciendo costos y evitando la escasez o el exceso de stock.

4. **Módulo de Ventas y Marketing**: Gestiona el proceso de ventas desde la creación de cotizaciones hasta la facturación y la gestión de pedidos. Incluye herramientas para la gestión de relaciones con los clientes (CRM) y campañas de marketing, ayudando a las empresas a mejorar su efectividad comercial.

5. **Módulo de Producción y Planificación**: Ayuda a las

empresas a planificar y controlar sus procesos de producción. Incluye la planificación de la capacidad, la programación de la producción, la gestión de órdenes de trabajo y el control de calidad. Permite optimizar la utilización de los recursos de producción y mejorar la eficiencia operativa.

6. **Módulo de Compras y Aprovisionamiento**: Gestiona el proceso de adquisición de bienes y servicios, desde la solicitud de compra hasta la recepción de los productos. Facilita la selección de proveedores, la negociación de contratos y el seguimiento de pedidos, mejorando la gestión de la cadena de suministro.

7. **Módulo de Gestión de Proyectos**: Permite a las empresas planificar, ejecutar y monitorear proyectos. Incluye herramientas para la asignación de recursos, la gestión de tareas, el seguimiento del progreso y la generación de informes. Ayuda a garantizar que los proyectos se completen a tiempo y dentro del presupuesto.

Cómo Funciona un ERP

Un ERP funciona integrando todos los procesos empresariales en un único sistema centralizado. Esto permite que la información fluya de manera fluida entre los distintos departamentos, eliminando silos de datos y mejorando la visibilidad y el control sobre las operaciones empresariales. Aquí se describen los principales aspectos del funcionamiento de un ERP:

1. **Base de Datos Centralizada**: Un ERP almacena todos los datos en una base de datos centralizada, lo que garantiza que toda la información esté actualizada y sea accesible en tiempo real. Esto elimina la necesidad de mantener múltiples bases de datos y hojas de cálculo dispersas, reduciendo el riesgo de errores y duplicación de datos.

2. **Interfaz de Usuario Unificada**: Los usuarios acceden al ERP a través de una interfaz de usuario unificada, que suele ser una aplicación web o de escritorio. Esta interfaz proporciona un punto de entrada único para todas las funciones del sistema, facilitando su uso y reduciendo la curva de aprendizaje.

3. **Automatización de Procesos**: Un ERP automatiza muchos procesos empresariales, como la generación de facturas, la actualización de inventarios y la preparación de informes financieros. Esto no solo mejora la eficiencia, sino que también reduce la carga de trabajo manual y minimiza el riesgo de errores.

4. **Integración de Módulos**: Los módulos de un ERP están integrados entre sí, lo que permite que la información fluya de un módulo a otro sin problemas. Por ejemplo, cuando se crea un pedido de ventas en el módulo de ventas, el inventario se actualiza automáticamente en el módulo de gestión de inventarios, y las cuentas por cobrar se actualizan en el módulo de finanzas.

5. **Acceso a Información en Tiempo Real**: Un ERP proporciona acceso a información en tiempo real, lo que permite a los gestores tomar decisiones informadas basadas en datos actualizados. Esto es especialmente útil en entornos empresariales dinámicos, donde la capacidad de reaccionar rápidamente a los cambios es crucial.

Importancia de un ERP para una PYME

Las pequeñas y medianas empresas (PYMEs) representan una parte vital de la economía española. Según el Ministerio de Industria, Comercio y Turismo, las PYMEs constituyen el 99.8% del tejido empresarial en España y generan alrededor del 65%

del empleo. Sin embargo, a pesar de su importancia, muchas PYMEs enfrentan desafíos significativos en términos de gestión operativa y competitividad.

Un ERP puede ser una solución transformadora para las PYMEs, ya que ofrece numerosos beneficios que pueden ayudar a superar estos desafíos:

1. **Mejora de la Eficiencia Operativa**: Al automatizar y optimizar los procesos empresariales, un ERP reduce la carga de trabajo manual y minimiza los errores. Esto permite a las PYMEs operar de manera más eficiente y centrarse en actividades de mayor valor añadido.

2. **Visibilidad y Control**: Un ERP proporciona una visión completa y en tiempo real de todas las operaciones empresariales, lo que mejora la toma de decisiones y el control sobre los recursos. Esto es especialmente importante para las PYMEs, que a menudo tienen recursos limitados y necesitan maximizar su eficiencia.

3. **Escalabilidad**: Un ERP es una solución escalable que puede crecer junto con la empresa. A medida que la PYME crece y se expande, el ERP puede adaptarse a las nuevas necesidades y demandas, evitando la necesidad de reemplazar el sistema a medida que la empresa crece.

4. **Cumplimiento Normativo**: Un ERP ayuda a las PYMEs a cumplir con las normativas contables y fiscales, proporcionando herramientas para la generación de informes y la auditoría. Esto reduce el riesgo de sanciones y mejora la transparencia.

5. **Mejora de la Relación con Clientes y Proveedores**: Un ERP incluye herramientas para la gestión de relaciones con clientes (CRM) y proveedores, lo que permite mejorar la satisfacción del cliente y optimizar la cadena de suministro. Esto es crucial para las PYMEs, que dependen en gran medida de la lealtad del cliente y la

eficiencia de la cadena de suministro.

6. **Análisis y Reportes**: Un ERP proporciona herramientas analíticas avanzadas que permiten a las PYMEs analizar su rendimiento y detectar oportunidades de mejora. Esto es fundamental para la toma de decisiones estratégicas y la planificación a largo plazo.

Beneficios Tangibles e Intangibles

La implementación de un ERP en una PYME puede generar beneficios tanto tangibles como intangibles. Entre los beneficios tangibles se encuentran la reducción de costes operativos, el aumento de la productividad y la mejora de la rentabilidad. Los beneficios intangibles, aunque más difíciles de cuantificar, son igualmente importantes e incluyen la mejora de la moral del personal, la satisfacción del cliente y la capacidad de innovación.

Beneficios Tangibles:

- **Reducción de Costes Operativos:** La automatización de procesos reduce la necesidad de mano de obra manual y disminuye los errores, lo que se traduce en menores costes operativos.
- **Aumento de la Productividad:** Al liberar a los empleados de tareas repetitivas, pueden centrarse en actividades de mayor valor añadido, lo que aumenta la productividad general de la empresa.
- **Mejora de la Rentabilidad:** La optimización de los procesos y la mejora de la eficiencia operativa contribuyen directamente a un aumento de la rentabilidad.

Beneficios Intangibles:

- **Mejora de la Moral del Personal:** Un sistema ERP que funcione correctamente facilita el trabajo del personal, reduciendo la frustración y mejorando la moral.
- **Satisfacción del Cliente:** La mejora en la gestión de

inventarios y la capacidad de responder rápidamente a las demandas del cliente aumentan la satisfacción del cliente y la lealtad.

- **Capacidad de Innovación:** Un ERP proporciona las herramientas necesarias para analizar datos y detectar oportunidades de mejora e innovación, lo que es crucial para la competitividad a largo plazo.

Caso de Estudio: Implementación de un ERP en una PYME Española

Para ilustrar la importancia y los beneficios de un ERP, consideremos el caso de una PYME española del sector de la fabricación de componentes electrónicos. Antes de la implementación del ERP, la empresa enfrentaba varios desafíos:

1. **Procesos Desconectados:** Los procesos de producción, ventas y contabilidad estaban desconectados, lo que generaba ineficiencias y errores.
2. **Falta de Visibilidad:** La dirección carecía de visibilidad sobre el estado de los inventarios y la producción, lo que dificultaba la toma de decisiones informadas.
3. **Problemas de Gestión de Inventarios:** La empresa enfrentaba frecuentes problemas de escasez y exceso de inventarios, lo que afectaba la satisfacción del cliente y aumentaba los costes.

Tras la implementación del ERP, la empresa experimentó una transformación significativa:

1. **Integración de Procesos:** Los procesos de producción, ventas y contabilidad se integraron en un solo sistema, eliminando duplicaciones y errores.
2. **Visibilidad en Tiempo Real:** La dirección obtuvo una visibilidad completa y en tiempo real sobre el estado de los inventarios y la producción, lo que mejoró la toma de decisiones.

3. **Optimización de Inventarios:** La gestión de inventarios se optimizó, reduciendo tanto los problemas de escasez como los de exceso, y mejorando la satisfacción del cliente.

Como resultado, la empresa logró reducir sus costes operativos en un 15%, aumentar su productividad en un 20% y mejorar su rentabilidad en un 10% en el primer año tras la implementación del ERP.

Conclusión

En este capítulo, hemos explorado qué es un ERP, su historia y evolución, sus componentes y su funcionamiento. También hemos analizado la importancia de un ERP para una PYME y los beneficios tangibles e intangibles que puede proporcionar. Finalmente, hemos ilustrado estos conceptos con un caso de estudio real.

La implementación de un ERP es una decisión estratégica que puede transformar la forma en que una PYME gestiona sus operaciones y compite en el mercado. En los próximos capítulos, profundizaremos en cómo seleccionar el ERP adecuado y cómo llevar a cabo una implementación exitosa, abordando los desafíos y las mejores prácticas en cada etapa del proceso.

CAPÍTULO 2: BENEFICIOS DE IMPLEMENTAR UN ERP

Introducción a los Beneficios del ERP

L a implementación de un sistema ERP (Enterprise Resource Planning) en una PYME puede ofrecer una amplia gama de beneficios que impactan positivamente en diversas áreas de la organización. Este capítulo se centra en detallar estos beneficios, desde mejoras en la eficiencia operativa hasta la capacidad de tomar decisiones más informadas y estratégicas. Analizaremos cómo un ERP puede transformar las operaciones diarias y contribuir al crecimiento y éxito a largo plazo de una PYME.

Mejora en la Eficiencia Operativa

Uno de los beneficios más destacados de implementar un ERP es la mejora significativa en la eficiencia operativa de la empresa.

Un ERP centraliza y automatiza muchos procesos empresariales, lo que reduce la carga de trabajo manual, minimiza los errores y acelera el flujo de trabajo.

1. **Automatización de Procesos:** El ERP permite la automatización de tareas rutinarias y repetitivas, como la facturación, la gestión de inventarios y la generación de informes financieros. Esto libera tiempo para que los empleados se centren en actividades de mayor valor añadido.

2. **Integración de Funciones:** Al integrar todas las funciones empresariales en un único sistema, se elimina la necesidad de transferir datos manualmente entre departamentos. Esto reduce los errores de duplicación y asegura que todos los departamentos trabajen con la misma información actualizada.

3. **Reducción de Tiempos de Ciclo:** La automatización y la integración de procesos ayudan a reducir los tiempos de ciclo en actividades clave, como el procesamiento de pedidos y la gestión de inventarios, lo que permite a la empresa responder más rápidamente a las demandas del mercado.

Mejora en la Toma de Decisiones

Un ERP proporciona acceso a datos precisos y actualizados en tiempo real, lo que mejora significativamente la capacidad de la dirección para tomar decisiones informadas. La capacidad de analizar datos de manera eficiente y precisa es crucial para la toma de decisiones estratégicas.

1. **Acceso a Información en Tiempo Real:** Un ERP ofrece una visión en tiempo real de todas las operaciones empresariales, lo que permite a los gestores tomar decisiones basadas en datos actualizados y precisos.

2. **Herramientas Analíticas Avanzadas:** Muchos ERPs

incluyen herramientas de análisis y generación de informes que facilitan la visualización y el análisis de datos complejos. Esto permite a las empresas identificar tendencias, evaluar el rendimiento y detectar oportunidades de mejora.

3. **Centralización de Datos:** Al centralizar todos los datos en un único sistema, el ERP elimina los silos de información y asegura que todos los departamentos trabajen con la misma fuente de verdad, lo que mejora la coherencia y la precisión de las decisiones.

Reducción de Costes

La implementación de un ERP puede conducir a una reducción significativa de los costes operativos, tanto directos como indirectos. La optimización de procesos y la mejora de la eficiencia operativa contribuyen a reducir los gastos generales.

1. **Optimización de Inventarios:** Un ERP permite una gestión más precisa de los inventarios, reduciendo los costes asociados con el exceso de stock o la escasez de productos. Esto se traduce en una disminución de los costes de almacenamiento y una mejora en la rotación de inventarios.

2. **Reducción de Errores y Retrabajo:** La automatización de procesos reduce la probabilidad de errores humanos, lo que minimiza la necesidad de retrabajo y correcciones, y, por tanto, reduce los costes asociados con estos errores.

3. **Mejora en la Productividad:** Al automatizar tareas rutinarias y mejorar la eficiencia operativa, los empleados pueden dedicar más tiempo a actividades productivas, lo que incrementa la productividad general de la empresa y reduce los costes laborales.

Mejora en la Relación con Clientes y Proveedores

Un ERP no solo optimiza las operaciones internas, sino que también mejora las relaciones externas con clientes y proveedores. La gestión eficiente de estas relaciones es crucial para el éxito de cualquier empresa.

1. **Gestión de Relaciones con Clientes (CRM):** Muchos sistemas ERP incluyen módulos de CRM que ayudan a gestionar y mejorar las relaciones con los clientes. Esto incluye la gestión de contactos, el seguimiento de interacciones y la personalización de ofertas, lo que aumenta la satisfacción y lealtad del cliente.

2. **Optimización de la Cadena de Suministro:** Un ERP facilita la gestión de la cadena de suministro, desde la adquisición de materias primas hasta la entrega de productos finales. Esto asegura una comunicación más eficiente con los proveedores y una gestión más eficaz de los pedidos y entregas.

3. **Mejora en el Servicio al Cliente:** Con acceso a información en tiempo real sobre inventarios, pedidos y cuentas, el personal de servicio al cliente puede responder más rápidamente y con mayor precisión a las consultas y problemas de los clientes, mejorando la satisfacción y fidelización del cliente.

Cumplimiento Normativo y Mejora en la Transparencia

El cumplimiento de las normativas legales y contables es un aspecto crucial para cualquier empresa. Un ERP ayuda a asegurar que la empresa cumpla con todas las regulaciones pertinentes, mejorando la transparencia y reduciendo el riesgo de sanciones.

1. **Cumplimiento de Normativas:** Un ERP facilita el cumplimiento de las normativas contables y fiscales, proporcionando herramientas para la generación de

informes precisos y la auditoría de datos. Esto reduce el riesgo de sanciones y mejora la transparencia financiera.

2. **Trazabilidad de Transacciones:** La capacidad de rastrear y auditar todas las transacciones financieras y operativas en un ERP mejora la transparencia y permite una mejor supervisión y control de las operaciones.

3. **Seguridad de Datos:** Los sistemas ERP suelen incluir medidas de seguridad avanzadas para proteger los datos empresariales sensibles. Esto asegura que la información esté segura y cumpla con las normativas de protección de datos.

Facilitación de la Innovación y el Crecimiento

Un ERP proporciona la infraestructura necesaria para soportar el crecimiento y la innovación empresarial. La flexibilidad y escalabilidad de un ERP permiten a las PYMEs adaptarse rápidamente a las cambiantes condiciones del mercado y aprovechar nuevas oportunidades.

1. **Escalabilidad:** Un ERP es una solución escalable que puede crecer junto con la empresa. Esto permite a las PYMEs adaptarse a nuevas necesidades y demandas sin tener que reemplazar el sistema a medida que crecen.

2. **Soporte para la Innovación:** Un ERP proporciona herramientas analíticas y de gestión que permiten a las empresas identificar oportunidades de innovación y mejora continua. Esto es crucial para mantenerse competitivos en un entorno empresarial dinámico.

3. **Adaptación a Nuevas Tecnologías:** Los ERPs modernos están diseñados para integrarse con nuevas tecnologías emergentes, como la inteligencia artificial y el análisis de big data, lo que permite a las empresas aprovechar

estas tecnologías para mejorar sus operaciones y tomar decisiones más informadas.

Ejemplos de Beneficios en la Práctica

Para ilustrar los beneficios de un ERP en la práctica, consideremos algunos ejemplos de cómo las PYMEs pueden aprovechar estas ventajas:

1. **Empresa de Fabricación:** Una pequeña empresa de fabricación que implementa un ERP puede mejorar significativamente su gestión de inventarios y planificación de la producción. Al tener una visibilidad en tiempo real de los niveles de inventario y las órdenes de producción, puede optimizar la utilización de sus recursos y reducir los costes de almacenamiento. Además, la automatización de los procesos de pedidos y facturación reduce los errores y mejora la eficiencia operativa.

2. **Empresa de Servicios:** Una PYME del sector de servicios que utiliza un ERP puede gestionar de manera más eficiente sus proyectos y recursos. Al integrar todos los datos de proyectos en un solo sistema, puede realizar un seguimiento más preciso del progreso y los costes de los proyectos, mejorando la rentabilidad y la satisfacción del cliente. Además, el ERP facilita la generación de informes detallados para la toma de decisiones estratégicas.

3. **Empresa de Comercio Minorista:** Un minorista que adopta un ERP puede mejorar su gestión de relaciones con clientes y proveedores. Al tener acceso a datos en tiempo real sobre inventarios, ventas y pedidos, puede optimizar su cadena de suministro y responder más rápidamente a las demandas del mercado. Además, el módulo de CRM del ERP permite personalizar las ofertas y mejorar la experiencia del cliente,

aumentando la lealtad y las ventas.

Conclusión

En este capítulo, hemos explorado los diversos beneficios de implementar un ERP en una PYME, desde la mejora de la eficiencia operativa hasta la capacidad de tomar decisiones más informadas y estratégicas. También hemos analizado cómo un ERP puede reducir costes, mejorar las relaciones con clientes y proveedores, asegurar el cumplimiento normativo y facilitar la innovación y el crecimiento.

La implementación de un ERP es una inversión estratégica que puede transformar significativamente una PYME, proporcionándole las herramientas necesarias para competir en un entorno empresarial cada vez más complejo y dinámico. En los próximos capítulos, continuaremos explorando cómo seleccionar el ERP adecuado y cómo llevar a cabo una implementación exitosa, asegurando que su PYME pueda maximizar los beneficios de esta poderosa herramienta.

CAPÍTULO 3: DESAFÍOS Y RIESGOS EN LA IMPLEMENTACIÓN DE UN ERP

Introducción a los Desafíos y Riesgos

La implementación de un sistema ERP (Enterprise Resource Planning) en una PYME puede ser un proceso transformador, pero también está plagado de desafíos y riesgos que deben gestionarse cuidadosamente para asegurar el éxito. Este capítulo se centra en identificar y analizar estos desafíos y riesgos, proporcionando estrategias prácticas para mitigarlos y superarlos. Abordaremos aspectos como la resistencia al cambio, los problemas de integración, la gestión de proyectos, y la importancia de una planificación meticulosa.

Resistencia al Cambio

Uno de los desafíos más comunes en la implementación de un

ERP es la resistencia al cambio por parte de los empleados. La introducción de un nuevo sistema puede generar incertidumbre y temor, lo que puede afectar la moral y la productividad del personal.

1. **Resistencia Natural al Cambio:** La mayoría de las personas tienden a resistirse a los cambios, especialmente cuando afectan su rutina diaria. La implementación de un ERP requiere que los empleados aprendan nuevos procesos y herramientas, lo que puede ser percibido como una amenaza.

2. **Falta de Comunicación:** La falta de comunicación clara y oportuna sobre los beneficios del ERP y los cambios que implica puede aumentar la resistencia. Es crucial que la dirección comunique de manera efectiva los objetivos y beneficios de la implementación del ERP.

3. **Estrategias para Superar la Resistencia:**
   - **Comunicación Abierta y Transparente:** Mantener a los empleados informados sobre el progreso de la implementación y los beneficios esperados.
   - **Formación y Capacitación:** Proporcionar formación adecuada para asegurar que los empleados se sientan cómodos y competentes en el uso del nuevo sistema.
   - **Implicación del Personal:** Involucrar a los empleados en el proceso de implementación para que se sientan parte del cambio y no meros receptores de decisiones impuestas.

Problemas de Integración

La integración del ERP con los sistemas existentes y la migración de datos pueden ser desafíos significativos durante la implementación. La falta de compatibilidad y los errores en la migración pueden causar interrupciones en las operaciones y pérdida de datos.

1. **Compatibilidad de Sistemas:** La integración de un ERP con sistemas y aplicaciones existentes puede ser complicada si no hay compatibilidad. Es crucial evaluar la compatibilidad del ERP con el entorno tecnológico actual de la empresa.

2. **Migración de Datos:** La migración de datos de los sistemas antiguos al nuevo ERP es un proceso delicado que puede estar plagado de errores si no se maneja adecuadamente. La integridad y precisión de los datos son esenciales para el funcionamiento del ERP.

3. **Estrategias para una Integración Exitosa:**
   - **Evaluación Previa:** Realizar una evaluación exhaustiva de los sistemas existentes y planificar la integración con anticipación.
   - **Pruebas Rigurosas:** Realizar pruebas de integración y migración de datos para identificar y corregir problemas antes del lanzamiento.
   - **Asesoramiento Técnico:** Contratar a expertos técnicos o consultores que tengan experiencia en la integración de ERPs para asegurar una transición suave.

Gestión del Proyecto

La implementación de un ERP es un proyecto complejo que requiere una gestión cuidadosa para evitar retrasos, sobrecostes y fallos. La falta de una planificación adecuada y la mala gestión de los recursos pueden poner en peligro todo el proyecto.

1. **Falta de Planificación:** Una planificación inadecuada puede llevar a una implementación caótica y desorganizada. Es crucial establecer un plan de proyecto detallado que incluya todas las fases y tareas

necesarias.

2. **Asignación de Recursos:** La implementación de un ERP requiere recursos significativos, tanto en términos de tiempo como de dinero. La mala gestión de estos recursos puede llevar a retrasos y sobrecostes.

3. **Estrategias para una Gestión Eficaz del Proyecto:**
   - **Planificación Meticulosa:** Crear un plan de proyecto detallado que incluya un cronograma, asignación de recursos y un presupuesto.
   - **Gestión de Riesgos:** Identificar los riesgos potenciales y desarrollar planes de contingencia para mitigarlos.
   - **Liderazgo Fuerte:** Designar a un gestor de proyectos con experiencia y habilidades de liderazgo para supervisar la implementación.

Formación y Capacitación del Personal

La formación y capacitación del personal es un componente crítico de la implementación de un ERP. Sin una formación adecuada, los empleados pueden no ser capaces de utilizar el sistema de manera efectiva, lo que puede afectar la productividad y la moral.

1. **Falta de Competencia:** La falta de competencia en el uso del ERP puede llevar a errores y una baja eficiencia operativa. Es crucial proporcionar una formación adecuada y continua.

2. **Resistencia a la Capacitación:** Algunos empleados pueden ser reacios a participar en programas de formación, lo que puede dificultar la implementación del ERP.

3. **Estrategias para una Formación Eficaz:**

- **Programas de Formación Estructurados:** Desarrollar programas de formación estructurados que cubran todas las funcionalidades del ERP.
- **Capacitación Continua:** Proporcionar formación continua y soporte para asegurar que los empleados se mantengan competentes y actualizados.
- **Motivación del Personal:** Incentivar la participación en los programas de formación y reconocer el esfuerzo de los empleados para adaptarse al nuevo sistema.

Costes y Presupuesto

La implementación de un ERP puede ser costosa y, sin una gestión adecuada del presupuesto, los costes pueden descontrolarse. Es esencial planificar y gestionar cuidadosamente el presupuesto para evitar sobrecostes y asegurar una implementación exitosa.

1. **Subestimación de Costes:** La subestimación de los costes de implementación puede llevar a problemas financieros y retrasos. Es crucial realizar una estimación realista de todos los costes asociados.

2. **Gastos Inesperados:** Durante la implementación, pueden surgir gastos inesperados que no estaban contemplados en el presupuesto inicial. Es importante tener un fondo de contingencia para estos casos.

3. **Estrategias para una Gestión Eficaz del Presupuesto:**
   - **Estimación Realista:** Realizar una estimación detallada de todos los costes, incluyendo hardware, software, formación y consultoría.
   - **Monitoreo Continuo:** Monitorear el presupuesto de manera continua y ajustar según sea necesario para evitar sobrecostes.

- **Fondo de Contingencia:** Reservar un fondo de contingencia para cubrir gastos imprevistos y asegurar la continuidad del proyecto.

Problemas Técnicos

Los problemas técnicos pueden surgir en cualquier fase de la implementación del ERP y pueden causar retrasos y afectar la funcionalidad del sistema. La gestión adecuada de estos problemas es crucial para una implementación exitosa.

1. **Errores de Configuración:** Los errores en la configuración del ERP pueden afectar su rendimiento y funcionalidad. Es esencial configurar el sistema correctamente desde el principio.

2. **Fallas de Hardware y Software:** Las fallas de hardware y software pueden interrumpir la implementación y afectar la operación del ERP. Es importante tener un plan para gestionar estas fallas.

3. **Estrategias para Gestionar Problemas Técnicos:**
   - **Pruebas Exhaustivas:** Realizar pruebas exhaustivas de todas las configuraciones y funcionalidades antes del lanzamiento.
   - **Soporte Técnico:** Contar con un equipo de soporte técnico capacitado para gestionar y resolver problemas rápidamente.
   - **Planes de Contingencia:** Desarrollar planes de contingencia para manejar fallas técnicas y asegurar la continuidad del proyecto.

Conclusión

En este capítulo, hemos explorado los diversos desafíos y riesgos asociados con la implementación de un ERP en una PYME, desde la resistencia al cambio y los problemas de integración hasta la gestión del proyecto y los costes. También hemos proporcionado estrategias prácticas para mitigar estos desafíos y asegurar una implementación exitosa.

La implementación de un ERP es un proyecto complejo que requiere una planificación meticulosa, una gestión cuidadosa de los recursos y una comunicación efectiva. Al anticipar y abordar los desafíos y riesgos, una PYME puede maximizar las posibilidades de una implementación exitosa y obtener los numerosos beneficios que un ERP puede ofrecer. En los próximos capítulos, continuaremos explorando cómo seleccionar el ERP adecuado y cómo llevar a cabo una implementación exitosa, asegurando que su PYME pueda maximizar los beneficios de esta poderosa herramienta.

CAPÍTULO 4:
EVALUACIÓN DE
NECESIDADES
EMPRESARIALES

*Introducción a la Evaluación
de Necesidades*

A ntes de seleccionar e implementar un sistema ERP (Enterprise Resource Planning) en una PYME, es fundamental realizar una evaluación exhaustiva de las necesidades empresariales. Este capítulo se centra en cómo identificar y analizar las necesidades específicas de la empresa para asegurarse de que el ERP seleccionado cumpla con los requisitos y objetivos empresariales. Discutiremos métodos y herramientas para evaluar las necesidades, y cómo estas evaluaciones pueden guiar la selección y personalización del ERP.

*Identificación de Necesidades
Específicas*

El primer paso en la evaluación de necesidades es identificar las áreas clave donde un ERP puede aportar valor. Esto implica analizar todos los aspectos operativos de la empresa y determinar dónde se encuentran los cuellos de botella, las ineficiencias y las oportunidades de mejora.

1. **Mapeo de Procesos Empresariales:** Realizar un mapeo detallado de todos los procesos empresariales actuales. Esto incluye desde la gestión de inventarios y producción hasta las ventas, contabilidad y recursos humanos. El objetivo es entender cómo funcionan actualmente los procesos y dónde se encuentran las ineficiencias.

2. **Entrevistas y Reuniones con el Personal:** Involucrar a los empleados de todos los niveles para obtener una visión completa de las necesidades y desafíos operativos. Las entrevistas y reuniones con el personal clave pueden proporcionar información valiosa sobre los problemas actuales y las áreas de mejora.

3. **Análisis de Datos:** Analizar los datos operativos y financieros existentes para identificar patrones y tendencias. Esto puede ayudar a detectar problemas recurrentes y áreas donde un ERP puede aportar beneficios significativos.

4. **Encuestas y Cuestionarios:** Utilizar encuestas y cuestionarios para recopilar opiniones y sugerencias de los empleados sobre los procesos actuales y las expectativas para el nuevo ERP. Esto puede proporcionar una visión amplia de las necesidades y prioridades del personal.

Análisis de Procesos Actuales

Una vez identificadas las necesidades específicas, el siguiente paso es realizar un análisis detallado de los procesos actuales.

Esto implica evaluar la eficiencia, eficacia y alineación de los procesos con los objetivos empresariales.

1. **Evaluación de la Eficiencia:** Medir la eficiencia de los procesos actuales en términos de tiempo, costes y recursos. Identificar dónde se están produciendo ineficiencias y desperdicios.

2. **Evaluación de la Eficacia:** Determinar si los procesos actuales están logrando los resultados deseados. Evaluar la calidad de los productos o servicios, la satisfacción del cliente y el cumplimiento de los objetivos estratégicos.

3. **Alineación con los Objetivos Empresariales:** Evaluar si los procesos actuales están alineados con los objetivos y la estrategia de la empresa. Identificar cualquier desalineación y oportunidades para mejorar la alineación a través de la implementación de un ERP.

Herramientas y Métodos para la Evaluación de Necesidades

Existen varias herramientas y métodos que pueden ayudar en la evaluación de necesidades empresariales. La elección de las herramientas adecuadas dependerá del tamaño de la empresa, la complejidad de los procesos y los recursos disponibles.

1. **Análisis FODA (SWOT):** Utilizar el análisis FODA para identificar las fortalezas, debilidades, oportunidades y amenazas en los procesos actuales. Esto proporciona una visión clara de las áreas que necesitan atención y mejora.

2. **Diagrama de Flujo de Procesos:** Crear diagramas de flujo de procesos para visualizar y documentar los pasos en los procesos actuales. Esto ayuda a identificar cuellos de botella y redundancias.

3. **Análisis de Causa-Raíz:** Utilizar el análisis de causa-raíz para identificar las causas subyacentes de los problemas y desafíos operativos. Esto ayuda a enfocar los esfuerzos de mejora en las áreas que realmente necesitan atención.

4. **Benchmarking:** Comparar los procesos y el rendimiento de la empresa con los de otras empresas del mismo sector. Esto puede proporcionar una referencia para medir la eficacia y eficiencia de los procesos actuales y establecer objetivos de mejora.

5. **Valoración de Necesidades del Cliente:** Evaluar las necesidades y expectativas de los clientes para asegurar que los procesos empresariales estén diseñados para satisfacer estas demandas. Esto puede incluir encuestas de satisfacción del cliente y análisis de feedback.

Priorización de Necesidades

No todas las necesidades empresariales pueden ser abordadas al mismo tiempo. Es crucial priorizar las necesidades identificadas para asegurar que los recursos se utilicen de manera efectiva y que las mejoras más críticas se implementen primero.

1. **Impacto en el Negocio:** Evaluar el impacto potencial de abordar cada necesidad en términos de mejora de la eficiencia, reducción de costes, aumento de la satisfacción del cliente y logro de objetivos estratégicos.

2. **Urgencia:** Determinar la urgencia de abordar cada necesidad. Algunas necesidades pueden requerir atención inmediata debido a su impacto en las operaciones diarias, mientras que otras pueden ser menos urgentes.

3. **Recursos Disponibles:** Considerar los recursos

disponibles, incluyendo tiempo, dinero y personal. Priorizar las necesidades que pueden ser abordadas dentro de las limitaciones de recursos.

4. **Factibilidad:** Evaluar la factibilidad de abordar cada necesidad. Algunas mejoras pueden ser más fáciles de implementar que otras debido a la disponibilidad de tecnología, la experiencia del personal y otros factores.

Documentación de Requisitos

Una vez identificadas y priorizadas las necesidades, es crucial documentar estos requisitos de manera clara y detallada. La documentación de requisitos servirá como guía durante la selección e implementación del ERP, asegurando que el sistema seleccionado cumpla con las necesidades empresariales.

1. **Especificaciones Funcionales:** Documentar las especificaciones funcionales necesarias para cada área operativa. Esto incluye funcionalidades específicas que el ERP debe ofrecer para satisfacer las necesidades de la empresa.

2. **Especificaciones Técnicas:** Documentar las especificaciones técnicas necesarias, incluyendo requisitos de hardware, software y compatibilidad con sistemas existentes.

3. **Criterios de Evaluación:** Definir los criterios que se utilizarán para evaluar las soluciones ERP disponibles. Esto puede incluir factores como el coste, la facilidad de uso, la escalabilidad y el soporte al cliente.

4. **Planes de Implementación:** Desarrollar planes de implementación detallados que incluyan un cronograma, asignación de recursos y un plan de gestión de cambios. Esto ayudará a asegurar una transición suave y efectiva al nuevo sistema ERP.

Involucramiento de las Partes Interesadas

El éxito de la evaluación de necesidades y la implementación del ERP depende en gran medida del involucramiento y apoyo de todas las partes interesadas, incluyendo la dirección, los empleados y los proveedores.

1. **Apoyo de la Dirección:** Asegurar el apoyo de la alta dirección es crucial para el éxito del proyecto. La dirección debe estar comprometida con el proyecto y proporcionar los recursos necesarios.

2. **Involucramiento de los Empleados:** Involucrar a los empleados desde el principio ayuda a asegurar que sus necesidades y preocupaciones sean tomadas en cuenta. Esto también ayuda a reducir la resistencia al cambio y aumentar la aceptación del nuevo sistema.

3. **Colaboración con Proveedores:** Trabajar estrechamente con los proveedores de ERP para asegurar que el sistema seleccionado cumpla con los requisitos documentados. Los proveedores pueden proporcionar valiosos conocimientos y recomendaciones basadas en su experiencia.

Caso de Estudio: Evaluación de Necesidades en una PYME Española

Para ilustrar el proceso de evaluación de necesidades, consideremos el caso de una PYME española dedicada a la distribución de productos alimenticios. La empresa decidió implementar un ERP para mejorar su eficiencia operativa y su capacidad de toma de decisiones. El primer paso fue realizar una evaluación exhaustiva de sus necesidades empresariales.

1. **Mapeo de Procesos:** La empresa llevó a cabo un mapeo

detallado de todos sus procesos, desde la adquisición de productos y la gestión de inventarios hasta las ventas y la contabilidad. Esto permitió identificar cuellos de botella y redundancias en los procesos actuales.

2. **Entrevistas con el Personal:** Se realizaron entrevistas con empleados de todos los niveles, incluyendo gerentes, supervisores y personal operativo. Estas entrevistas proporcionaron información valiosa sobre los desafíos diarios y las áreas de mejora.

3. **Análisis de Datos:** La empresa analizó sus datos operativos y financieros para identificar patrones y tendencias. Esto ayudó a detectar problemas recurrentes, como retrasos en las entregas y errores en la facturación.

4. **Encuestas a Clientes:** Se realizaron encuestas a clientes para evaluar su nivel de satisfacción y recopilar sugerencias para mejorar el servicio. Esto permitió identificar áreas donde el ERP podría mejorar la experiencia del cliente.

5. **Priorización de Necesidades:** Con base en la información recopilada, la empresa priorizó sus necesidades, centrándose en mejorar la gestión de inventarios, optimizar la planificación de entregas y automatizar la facturación.

6. **Documentación de Requisitos:** La empresa documentó sus requisitos funcionales y técnicos, incluyendo las funcionalidades específicas que el ERP debía ofrecer, como la gestión de inventarios en tiempo real, la planificación de rutas de entrega y la generación automática de facturas.

7. **Selección del ERP:** Con los requisitos documentados, la empresa evaluó varias soluciones ERP disponibles en el mercado, utilizando los criterios de evaluación definidos. Finalmente, seleccionó un ERP que cumplía

con sus necesidades y presupuesto.

Conclusión

En este capítulo, hemos explorado cómo realizar una evaluación exhaustiva de las necesidades empresariales antes de seleccionar e implementar un ERP. Hemos discutido métodos y herramientas para identificar y analizar las necesidades, y cómo priorizar y documentar los requisitos. También hemos ilustrado el proceso con un caso de estudio real.

La evaluación de necesidades es un paso crucial para asegurar que el ERP seleccionado cumpla con los objetivos y necesidades de la empresa. Al realizar una evaluación meticulosa y documentar claramente los requisitos, una PYME puede maximizar las posibilidades de una implementación exitosa y obtener los numerosos beneficios que un ERP puede ofrecer. En los próximos capítulos, continuaremos explorando cómo seleccionar el ERP adecuado y cómo llevar a cabo una implementación exitosa, asegurando que su PYME pueda maximizar los beneficios de esta poderosa herramienta.

CAPÍTULO 5:
SELECCIÓN DE UN
ERP ADECUADO

Introducción a la Selección del ERP

Seleccionar el ERP (Enterprise Resource Planning) adecuado es una decisión crítica para cualquier PYME. Esta elección influirá en la eficiencia operativa, la gestión de recursos y la capacidad de la empresa para adaptarse a futuros cambios y desafíos. Este capítulo se centra en proporcionar una guía detallada sobre cómo seleccionar el ERP más adecuado para una PYME, considerando factores clave como las necesidades específicas de la empresa, el presupuesto, la escalabilidad, y la facilidad de uso.

Criterios de Selección

La selección de un ERP debe basarse en una serie de criterios bien definidos que aseguren que el sistema elegido cumplirá con las necesidades y expectativas de la empresa. A continuación, se describen los criterios más importantes que deben tenerse en cuenta.

1. Funcionalidad

- **Cobertura de Procesos:** El ERP debe ser capaz de gestionar todos los procesos empresariales críticos, desde la contabilidad y las finanzas hasta la gestión de inventarios, ventas y recursos humanos.
- **Modularidad:** Es preferible un ERP modular que permita añadir o eliminar funcionalidades según las necesidades cambiantes de la empresa.
- **Adaptabilidad:** La capacidad del ERP para adaptarse a los procesos específicos de la empresa es crucial. Debe ser lo suficientemente flexible para personalizarse sin necesidad de cambios significativos en los procesos existentes.

2. Facilidad de Uso

- **Interfaz de Usuario Intuitiva:** La facilidad de uso del ERP es esencial para asegurar que los empleados puedan adoptarlo rápidamente y utilizarlo de manera efectiva.
- **Capacitación y Soporte:** El proveedor del ERP debe ofrecer programas de formación y soporte técnico continuos para ayudar a los empleados a familiarizarse con el sistema.

3. Coste

- **Coste Total de Propiedad (TCO):** Evaluar no solo el coste inicial de adquisición, sino también los costes de implementación, mantenimiento, actualizaciones y formación.
- **Modelos de Licenciamiento:** Comparar los diferentes modelos de licenciamiento (por suscripción, perpetuo, etc.) para determinar cuál se ajusta mejor al presupuesto y las necesidades de la empresa.

4. Escalabilidad

- **Capacidad de Crecimiento:** El ERP debe ser capaz de crecer junto con la empresa, manejando un mayor volumen de transacciones y datos a medida que la empresa expande sus operaciones.
- **Actualizaciones y Mejoras:** La posibilidad de actualizar y mejorar el sistema sin interrupciones significativas es un aspecto importante de la escalabilidad.

5. Compatibilidad e Integración

- **Integración con Sistemas Existentes:** El ERP debe poder integrarse fácilmente con los sistemas y aplicaciones existentes en la empresa.
- **Compatibilidad Tecnológica:** Asegurarse de que el ERP sea compatible con la infraestructura tecnológica actual de la empresa (hardware, sistemas operativos, bases de datos, etc.).

6. Reputación del Proveedor

- **Experiencia y Confiabilidad:** Evaluar la experiencia del proveedor en el sector y su historial de implementaciones exitosas.
- **Soporte y Mantenimiento:** Asegurarse de que el proveedor ofrezca un soporte robusto y servicios de mantenimiento continuos.

Factores Clave a Considerar

Además de los criterios de selección, hay varios factores clave que deben tenerse en cuenta durante el proceso de selección del ERP.

1. Requisitos de la Industria

- Cada industria tiene requisitos específicos que

deben ser considerados al seleccionar un ERP. Por ejemplo, una empresa de manufactura puede necesitar funcionalidades avanzadas de planificación de producción y gestión de inventarios, mientras que una empresa de servicios puede necesitar herramientas robustas de gestión de proyectos y recursos humanos.

2. Tamaño de la Empresa

- El tamaño de la empresa influye en la selección del ERP. Las pequeñas empresas pueden beneficiarse de soluciones más sencillas y menos costosas, mientras que las empresas medianas pueden necesitar sistemas más completos y escalables.

3. Presupuesto

- El presupuesto disponible para la implementación y mantenimiento del ERP es un factor crucial. Es importante equilibrar las funcionalidades necesarias con el coste total de propiedad (TCO) para asegurarse de que la solución elegida sea asequible y sostenible a largo plazo.

4. Infraestructura Tecnológica

- Evaluar la infraestructura tecnológica actual de la empresa para asegurarse de que puede soportar la implementación del ERP. Esto incluye la capacidad de los servidores, las bases de datos y la conectividad de red.

5. Estrategia de Implementación

- Definir una estrategia de implementación clara y realista es esencial. Esto incluye la planificación del tiempo de implementación, la asignación de recursos, la gestión de riesgos y la formación del personal.

Proceso de Selección del ERP

El proceso de selección del ERP debe ser meticuloso y estructurado para asegurar que todas las necesidades y requisitos sean considerados. A continuación, se describe un proceso de selección en varios pasos.

1. **Definición de Requisitos**
   - **Evaluación de Necesidades:** Basándose en la evaluación de necesidades realizada en el capítulo anterior, definir claramente los requisitos funcionales y técnicos del ERP.
   - **Documentación de Requisitos:** Crear un documento de requisitos detallado que servirá como referencia durante el proceso de selección.

2. **Investigación de Opciones**
   - **Investigación de Mercado:** Investigar las opciones de ERP disponibles en el mercado que cumplan con los requisitos definidos.
   - **Solicitudes de Información (RFI):** Enviar solicitudes de información a varios proveedores para obtener detalles sobre sus soluciones ERP.

3. **Evaluación de Proveedores**
   - **Demostraciones y Pruebas:** Solicitar demostraciones y realizar pruebas de las soluciones ERP propuestas para evaluar su funcionalidad, facilidad de uso y compatibilidad.
   - **Referencias y Casos de Estudio:** Revisar referencias y casos de estudio de clientes actuales para evaluar la reputación y experiencia del proveedor.

4. Comparación de Opciones

- **Análisis Comparativo:** Comparar las diferentes opciones de ERP utilizando una matriz de selección que incluya criterios como funcionalidad, coste, facilidad de uso, escalabilidad y soporte.
- **Visitas a Clientes:** Si es posible, realizar visitas a empresas que ya utilicen las soluciones ERP en consideración para obtener una visión de primera mano de su desempeño.

5. Selección Final

- **Toma de Decisión:** Basándose en el análisis comparativo y las evaluaciones de los proveedores, seleccionar la solución ERP que mejor cumpla con los requisitos de la empresa.
- **Negociación de Contratos:** Negociar los términos del contrato con el proveedor seleccionado, asegurándose de que todas las condiciones y expectativas estén claramente definidas.

Caso de Estudio: Selección de un ERP en una PYME Española

Para ilustrar el proceso de selección de un ERP, consideremos el caso de una PYME española dedicada a la fabricación de muebles. La empresa decidió implementar un ERP para mejorar la gestión de sus operaciones y apoyar su crecimiento.

1. Definición de Requisitos

- La empresa realizó una evaluación exhaustiva de sus necesidades, identificando áreas clave como la gestión de inventarios, la planificación de la producción y la contabilidad. Documentaron estos requisitos en un documento detallado.

2. Investigación de Opciones

- Investigaron varias soluciones ERP disponibles en el mercado y enviaron solicitudes de información a cinco proveedores diferentes. Recibieron respuestas detalladas que incluían descripciones de funcionalidades, modelos de licenciamiento y costes.

3. Evaluación de Proveedores

- Solicitaron demostraciones de las soluciones propuestas y realizaron pruebas para evaluar su funcionalidad y facilidad de uso. También revisaron referencias y casos de estudio de clientes actuales para evaluar la experiencia de los proveedores.

4. Comparación de Opciones

- Utilizaron una matriz de selección para comparar las cinco opciones de ERP, considerando factores como funcionalidad, coste, escalabilidad y soporte. Basándose en este análisis, redujeron la lista a dos finalistas.

5. Selección Final

- Realizaron visitas a empresas que utilizaban las soluciones finalistas para obtener una visión de primera mano de su desempeño. Basándose en esta evaluación, seleccionaron el ERP que mejor cumplía con sus requisitos y negociaron los términos del contrato con el proveedor.

Conclusión

En este capítulo, hemos explorado cómo seleccionar el ERP adecuado para una PYME, considerando criterios de selección clave y factores que influyen en la decisión. También hemos descrito un proceso estructurado de selección y proporcionado un caso de estudio real para ilustrar el proceso.

La selección de un ERP es una decisión crítica que puede tener un impacto significativo en la eficiencia operativa y el éxito a largo plazo de una PYME. Al seguir un proceso meticuloso y considerar todos los factores relevantes, una empresa puede asegurarse de elegir una solución ERP que cumpla con sus necesidades y apoye su crecimiento y desarrollo. En los próximos capítulos, continuaremos explorando cómo llevar a cabo una implementación exitosa del ERP seleccionado, asegurando que su PYME pueda maximizar los beneficios de esta poderosa herramienta.

CAPÍTULO 6: LOS 12 ERPS MÁS UTILIZADOS POR PYMES EN ESPAÑA

Introducción

E n España, las pequeñas y medianas empresas (PYMEs) tienen una amplia gama de opciones cuando se trata de seleccionar un sistema ERP (Enterprise Resource Planning). La elección del ERP adecuado puede ser crucial para mejorar la eficiencia operativa, la gestión de recursos y la toma de decisiones estratégicas. Este capítulo analiza los 12 ERPs más utilizados por las PYMEs en España, evaluando su utilidad, coste y características principales. Al final del capítulo, se presenta una tabla resumen comparativa para facilitar la toma de decisiones.

1. SAP Business One

Utilidad:

- SAP Business One está diseñado específicamente para

pequeñas y medianas empresas. Ofrece una solución completa que cubre todas las áreas de negocio, incluyendo finanzas, ventas, compras, inventarios y producción.

- Es conocido por su robustez y capacidad para integrarse con otras soluciones SAP, lo que facilita la escalabilidad a medida que la empresa crece.

Coste:

- El coste de SAP Business One puede variar según el número de usuarios y los módulos implementados. Generalmente, la licencia perpetua puede oscilar entre 1.500 y 3.000 euros por usuario, con costes adicionales para la implementación y soporte.

Características Principales:

- Gestión financiera avanzada
- CRM integrado
- Gestión de inventarios y producción
- Informes y análisis en tiempo real
- Integración con otras soluciones SAP

2. Microsoft Dynamics 365 Business Central

Utilidad:

- Microsoft Dynamics 365 Business Central es una solución ERP completa y flexible, ideal para PYMEs que buscan una integración profunda con las herramientas de Microsoft, como Office 365 y Azure.
- Ofrece una amplia gama de funcionalidades que abarcan finanzas, ventas, servicios, proyectos y más.

Coste:

- La suscripción mensual comienza en 70 euros por usuario, con costes adicionales según los módulos y servicios adicionales implementados.

Características Principales:

- Integración nativa con herramientas de Microsoft
- Funcionalidades avanzadas de gestión financiera y de proyectos
- CRM integrado
- Gestión de la cadena de suministro
- Informes y análisis personalizados

3. Sage 200cloud

Utilidad:

- Sage 200cloud es una solución ERP diseñada para PYMEs que necesitan una solución flexible y personalizable. Es especialmente popular en España por su capacidad para cumplir con las normativas fiscales locales.
- Ofrece una amplia gama de módulos que cubren finanzas, ventas, compras, inventarios y proyectos.

Coste:

- El coste de Sage 200cloud varía según la configuración y el número de usuarios. Los planes de suscripción comienzan en torno a 100 euros por usuario al mes.

Características Principales:

- Gestión financiera y contabilidad
- CRM y gestión de ventas
- Gestión de proyectos y recursos
- Informes y análisis en tiempo real
- Cumplimiento de normativas fiscales locales

4. Odoo

Utilidad:

- Odoo es una solución ERP de código abierto que es altamente modular y personalizable. Es ideal para PYMEs que buscan una solución flexible y asequible.

- Ofrece una amplia gama de aplicaciones empresariales que cubren todas las áreas de negocio.

Coste:

- Odoo ofrece una versión comunitaria gratuita y una versión empresarial con precios a partir de 20 euros por usuario al mes, con costes adicionales por módulos y servicios de soporte.

Características Principales:

- Gestión financiera y contabilidad
- CRM y gestión de ventas
- Gestión de inventarios y producción
- Aplicaciones personalizables y escalables
- Comunidad activa de desarrolladores

5. Exact Globe

Utilidad:

- Exact Globe es una solución ERP completa y robusta, especialmente popular entre las PYMEs del sector manufacturero y de servicios. Ofrece una integración profunda con las operaciones diarias de la empresa.
- Es conocido por su capacidad para gestionar múltiples divisiones y ubicaciones.

Coste:

- El coste de Exact Globe varía según la configuración y el número de usuarios. Generalmente, los precios comienzan en torno a 150 euros por usuario al mes.

Características Principales:

- Gestión financiera avanzada
- Gestión de producción y operaciones
- CRM y gestión de ventas
- Informes y análisis en tiempo real
- Integración con soluciones específicas de la industria

6. Holded

Utilidad:

- Holded es una solución ERP en la nube diseñada específicamente para pequeñas empresas y autónomos. Ofrece una interfaz fácil de usar y una implementación rápida.
- Es ideal para empresas que buscan una solución económica y efectiva para gestionar finanzas, ventas y proyectos.

Coste:

- Los planes de suscripción de Holded comienzan en 10 euros por usuario al mes, con opciones para módulos adicionales y servicios premium.

Características Principales:

- Gestión financiera y contabilidad
- CRM y gestión de ventas
- Gestión de proyectos y tareas
- Informes y análisis personalizados
- Integración con herramientas de terceros

7. Abas ERP

Utilidad:

- Abas ERP es una solución robusta y flexible, especialmente adecuada para empresas manufactureras y de distribución. Ofrece una amplia gama de funcionalidades para gestionar la producción y la cadena de suministro.
- Es conocido por su capacidad de personalización y su enfoque en las necesidades específicas de la industria.

Coste:

- El coste de Abas ERP varía según la configuración y el número de usuarios. Generalmente, los precios comienzan en torno a 200 euros por usuario al mes.

Características Principales:

- Gestión de producción y operaciones
- Gestión financiera y contabilidad
- CRM y gestión de ventas
- Informes y análisis en tiempo real
- Personalización y escalabilidad

8. Openbravo

Utilidad:

- Openbravo es una solución ERP en la nube y de código abierto, ideal para PYMEs que buscan flexibilidad y personalización. Es especialmente popular en el sector minorista y de distribución.
- Ofrece una amplia gama de módulos que cubren todas las áreas de negocio.

Coste:

- Openbravo ofrece una versión comunitaria gratuita y una versión empresarial con precios personalizados según las necesidades de la empresa.

Características Principales:

- Gestión de inventarios y cadena de suministro
- CRM y gestión de ventas
- Gestión financiera y contabilidad
- Informes y análisis personalizados
- Personalización y escalabilidad

9. Priority ERP

Utilidad:

- Priority ERP es una solución completa y flexible que ofrece una amplia gama de funcionalidades para PYMEs en diversos sectores. Es conocido por su interfaz intuitiva y su facilidad de uso.

- Ofrece módulos para finanzas, ventas, inventarios, producción y más.

Coste:

- El coste de Priority ERP varía según la configuración y el número de usuarios. Los precios generalmente comienzan en 150 euros por usuario al mes.

Características Principales:

- Gestión financiera y contabilidad
- CRM y gestión de ventas
- Gestión de inventarios y producción
- Informes y análisis en tiempo real
- Interfaz intuitiva y fácil de usar

10. Infor CloudSuite Industrial (SyteLine)

Utilidad:

- Infor CloudSuite Industrial (SyteLine) es una solución ERP en la nube diseñada para empresas manufactureras y de distribución. Ofrece una profunda funcionalidad y flexibilidad para gestionar operaciones complejas.
- Es conocido por su capacidad de personalización y su enfoque en la mejora continua.

Coste:

- El coste de Infor CloudSuite Industrial varía según la configuración y el número de usuarios. Los precios generalmente comienzan en 200 euros por usuario al mes.

Características Principales:

- Gestión de producción y operaciones
- Gestión financiera y contabilidad
- CRM y gestión de ventas
- Informes y análisis en tiempo real

- Personalización y escalabilidad

11. NetSuite ERP

Utilidad:

- NetSuite ERP es una solución completa y escalable en la nube, ideal para PYMEs en crecimiento. Ofrece una integración profunda con todas las áreas de negocio y es conocido por su robustez y flexibilidad.
- Es particularmente popular entre empresas de servicios, comercio electrónico y distribución.

Coste:

- El coste de NetSuite ERP varía según la configuración y el número de usuarios. Los precios generalmente comienzan en 99 euros por usuario al mes, con costes adicionales para módulos y servicios premium.

Características Principales:

- Gestión financiera y contabilidad
- CRM y gestión de ventas
- Gestión de inventarios y producción
- Informes y análisis en tiempo real
- Escalabilidad y flexibilidad

12. Dolibarr

Utilidad:

- Dolibarr es una solución ERP de código abierto que es altamente modular y personalizable. Es ideal para PYMEs que buscan una solución económica y flexible.
- Ofrece una amplia gama de módulos que cubren finanzas, ventas, inventarios, proyectos y más.

Coste:

- Dolibarr ofrece una versión gratuita y opciones de pago por servicios de soporte y módulos adicionales. Los costes son generalmente bajos en comparación con otros ERPs.

Características Principales:

- Gestión financiera y contabilidad
- CRM y gestión de ventas
- Gestión de inventarios y producción
- Informes y análisis personalizados
- Comunidad activa de desarrolladores

Conclusión

En este capítulo, hemos analizado los 12 ERPs más utilizados por las PYMEs en España, evaluando su utilidad, coste y características principales. La tabla resumen proporciona una visión comparativa que puede ayudar a las empresas a tomar una decisión informada sobre qué ERP es el más adecuado para sus necesidades.

La elección del ERP correcto es crucial para maximizar los beneficios y asegurar el éxito a largo plazo de la implementación. En los próximos capítulos, continuaremos explorando cómo llevar a cabo una implementación exitosa del ERP seleccionado, asegurando que su PYME pueda aprovechar al máximo esta poderosa herramienta.

CAPÍTULO 7: PRESUPUESTO Y COSTES DE IMPLEMENTACIÓN

Introducción

L a implementación de un sistema ERP (Enterprise Resource Planning) en una PYME es una inversión significativa que implica una planificación financiera meticulosa. Entender y gestionar los costes asociados es crucial para asegurar que el proyecto se mantenga dentro del presupuesto y que los beneficios superen los gastos. Este capítulo se centra en desglosar los costes de implementación de un ERP, proporcionando estrategias para ajustar el presupuesto y gestionar los gastos de manera efectiva.

Desglose de Costes

Implementar un ERP implica varios tipos de costes, que pueden dividirse en categorías principales: costes de adquisición, costes de implementación, costes de formación, costes de mantenimiento y costes indirectos. A continuación, se detallan cada uno de estos costes:

1. Costes de Adquisición

- **Licencias de Software:** El coste inicial para adquirir las licencias del software ERP. Esto puede incluir licencias perpetuas o suscripciones mensuales/anuales.
- **Hardware:** Los costes asociados con la compra de hardware necesario para soportar el ERP, como servidores, dispositivos de almacenamiento y equipos de red.
- **Infraestructura de TI:** Costes relacionados con la actualización de la infraestructura tecnológica existente para cumplir con los requisitos del ERP.

2. Costes de Implementación

- **Servicios de Consultoría:** Gastos en consultores externos que ayudan en la planificación, configuración y personalización del ERP.
- **Integración de Sistemas:** Costes asociados con la integración del ERP con los sistemas y aplicaciones existentes en la empresa.
- **Migración de Datos:** Gastos relacionados con la transferencia de datos de los sistemas antiguos al nuevo ERP.
- **Desarrollo Personalizado:** Costes para desarrollar funcionalidades personalizadas que no están disponibles en el ERP estándar.

3. Costes de Formación

- **Capacitación del Personal:** Gastos en programas de formación para asegurar que los empleados sepan cómo utilizar el ERP de manera efectiva.
- **Materiales de Formación:** Costes de materiales

de formación, como manuales, videos y plataformas de aprendizaje.

4. **Costes de Mantenimiento**
- **Soporte Técnico:** Gastos en servicios de soporte técnico para resolver problemas y mantener el ERP funcionando sin problemas.
- **Actualizaciones de Software:** Costes asociados con la actualización del software ERP para asegurar que se mantenga al día con las últimas mejoras y parches de seguridad.

5. **Costes Indirectos**
- **Tiempo de Inactividad:** Pérdida de productividad durante el período de implementación y capacitación.
- **Resistencia al Cambio:** Costes asociados con la resistencia de los empleados al nuevo sistema, lo que puede afectar temporalmente la eficiencia operativa.

Estrategias para Ajustar el Presupuesto

Gestionar los costes de implementación de un ERP de manera efectiva es crucial para asegurar que el proyecto se mantenga dentro del presupuesto. Aquí se presentan algunas estrategias para ajustar el presupuesto y minimizar los gastos:

1. **Planificación Detallada**
- **Presupuesto Detallado:** Crear un presupuesto detallado que incluya todas las categorías de costes y prever gastos adicionales. Esto ayudará a evitar sorpresas y asegurar que todos los aspectos financieros del proyecto estén cubiertos.
- **Fondo de Contingencia:** Establecer un

fondo de contingencia para cubrir gastos imprevistos. Un buen punto de partida es reservar entre el 10% y el 20% del presupuesto total para contingencias.

2. Selección de Proveedores

- **Comparación de Proveedores:** Comparar diferentes proveedores de ERP y sus ofertas para encontrar la mejor relación calidad-precio. Considerar tanto el coste inicial como los costes a largo plazo, como el mantenimiento y las actualizaciones.
- **Negociación de Contratos:** Negociar los términos del contrato con el proveedor para asegurar que se obtenga el mejor trato posible. Esto puede incluir descuentos por volumen, reducción de tarifas de mantenimiento y mejores condiciones de pago.

3. Optimización de Recursos Internos

- **Uso de Recursos Internos:** Siempre que sea posible, utilizar recursos internos para tareas como la migración de datos y la formación del personal. Esto puede reducir significativamente los costes de consultoría y servicios externos.
- **Formación Interna:** Desarrollar un programa de formación interna utilizando empleados experimentados para capacitar a otros. Esto puede ser más rentable que contratar formadores externos.

4. Implementación Faseada

- **Despliegue por Fases:** Implementar el ERP en fases, comenzando con los módulos más críticos y expandiéndose gradualmente a otras áreas. Esto permite una gestión más controlada del presupuesto y minimiza el

impacto en las operaciones diarias.
- **Pilotos y Pruebas:** Realizar pilotos y pruebas en pequeñas secciones de la empresa antes de una implementación completa. Esto ayuda a identificar y resolver problemas antes de que afecten a toda la organización.

Ejemplo de Presupuesto

A continuación, se presenta un ejemplo de presupuesto para la implementación de un ERP en una PYME con 50 empleados. Este presupuesto es solo una guía y los costes reales pueden variar según la empresa y el ERP seleccionado.

Categoría de Coste	Detalle	Coste Estimado (€)
Costes de Adquisición		
Licencias de Software	50 usuarios, licencia perpetua	75.000
Hardware	Servidores, almacenamiento, red	20.000
Infraestructura de TI	Actualización de infraestructura	10.000
Costes de Implementación		
Servicios de Consultoría	200 horas a 100 €/hora	20.000
Integración de Sistemas	Integración con sistemas existentes	15.000
Migración de Datos	Transferencia de datos	10.000
Desarrollo Personalizado	Funcionalidades adicionales	10.000

Costes de Formación

Capacitación del Personal	Programas de formación	5.000
Materiales de Formación	Manuales y videos	2.000

Costes de Mantenimiento

Soporte Técnico	Soporte anual	8.000
Actualizaciones de Software	Actualizaciones anuales	5.000

Costes Indirectos

Tiempo de Inactividad	Pérdida de productividad (estimado)	5.000
Resistencia al Cambio	Impacto en la eficiencia (estimado)	3.000
Total		**188.000**

Estrategias para Ajustar el Presupuesto

Gestionar los costes de implementación de un ERP de manera efectiva es crucial para asegurar que el proyecto se mantenga dentro del presupuesto. Aquí se presentan algunas estrategias para ajustar el presupuesto y minimizar los gastos:

1. **Planificación Detallada**
   - **Presupuesto Detallado:** Crear un presupuesto detallado que incluya todas las categorías de costes y prever gastos adicionales. Esto ayudará a evitar sorpresas y asegurar que todos los aspectos financieros del proyecto estén cubiertos.

- **Fondo de Contingencia:** Establecer un fondo de contingencia para cubrir gastos imprevistos. Un buen punto de partida es reservar entre el 10% y el 20% del presupuesto total para contingencias.

2. **Selección de Proveedores**

- **Comparación de Proveedores:** Comparar diferentes proveedores de ERP y sus ofertas para encontrar la mejor relación calidad-precio. Considerar tanto el coste inicial como los costes a largo plazo, como el mantenimiento y las actualizaciones.
- **Negociación de Contratos:** Negociar los términos del contrato con el proveedor para asegurar que se obtenga el mejor trato posible. Esto puede incluir descuentos por volumen, reducción de tarifas de mantenimiento y mejores condiciones de pago.

3. **Optimización de Recursos Internos**

- **Uso de Recursos Internos:** Siempre que sea posible, utilizar recursos internos para tareas como la migración de datos y la formación del personal. Esto puede reducir significativamente los costes de consultoría y servicios externos.
- **Formación Interna:** Desarrollar un programa de formación interna utilizando empleados experimentados para capacitar a otros. Esto puede ser más rentable que contratar formadores externos.

4. **Implementación Faseada**

- **Despliegue por Fases:** Implementar el ERP en fases, comenzando con los módulos más críticos y expandiéndose gradualmente a otras áreas. Esto permite una gestión más controlada del presupuesto y minimiza el impacto en las operaciones diarias.

- **Pilotos y Pruebas:** Realizar pilotos y pruebas en pequeñas secciones de la empresa antes de una implementación completa. Esto ayuda a identificar y resolver problemas antes de que afecten a toda la organización.

Conclusión

En este capítulo, hemos explorado los diversos costes asociados con la implementación de un ERP en una PYME, desde la adquisición y la implementación hasta la formación y el mantenimiento. También hemos discutido estrategias para ajustar el presupuesto y gestionar los gastos de manera efectiva.

La implementación de un ERP es una inversión significativa que requiere una planificación financiera cuidadosa. Al comprender y gestionar los costes, una PYME puede asegurar que el proyecto se mantenga dentro del presupuesto y maximizar los beneficios de la nueva solución ERP. En los próximos capítulos, continuaremos explorando cómo llevar a cabo una implementación exitosa del ERP seleccionado, asegurando que su PYME pueda aprovechar al máximo esta poderosa herramienta.

CAPÍTULO 8: PLANIFICACIÓN Y GESTIÓN DEL PROYECTO ERP

Introducción

La planificación y gestión efectiva del proyecto son fundamentales para asegurar el éxito de la implementación de un ERP (Enterprise Resource Planning) en una PYME. Este capítulo aborda las fases clave del proyecto, la gestión de recursos y tiempo, y las mejores prácticas para minimizar riesgos y asegurar que el proyecto se complete a tiempo y dentro del presupuesto.

Fases del Proyecto

La implementación de un ERP puede dividirse en varias fases, cada una con sus objetivos y actividades específicas. A continuación, se describen las fases típicas de un proyecto de implementación de ERP:

1. Iniciación del Proyecto

- **Definición del Alcance:** Establecer los objetivos del proyecto y definir claramente el alcance. Esto incluye identificar los módulos que se implementarán y los procesos empresariales que se mejorarán.
- **Creación del Equipo del Proyecto:** Formar un equipo de proyecto que incluya miembros de todas las áreas clave de la empresa, así como consultores externos si es necesario.
- **Planificación Inicial:** Desarrollar un plan de proyecto preliminar que incluya un cronograma general, hitos principales y un presupuesto inicial.

2. Análisis de Requisitos

- **Recolección de Requisitos:** Realizar talleres y entrevistas con los usuarios finales para identificar sus necesidades y expectativas. Documentar estos requisitos de manera detallada.
- **Evaluación de Procesos Actuales:** Analizar los procesos empresariales actuales y documentar los flujos de trabajo existentes.
- **Identificación de Brechas:** Comparar los requisitos empresariales con las funcionalidades del ERP seleccionado para identificar brechas y necesidades de personalización.

3. Diseño del Sistema

- **Diseño Funcional:** Desarrollar un diseño funcional detallado que describa cómo se configurará el ERP para satisfacer los requisitos empresariales.
- **Diseño Técnico:** Desarrollar un diseño técnico que incluya la arquitectura del sistema, la integración con otros sistemas y la

infraestructura necesaria.

- **Planificación de la Migración de Datos:** Desarrollar un plan detallado para la migración de datos desde los sistemas actuales al nuevo ERP.

4. Configuración y Desarrollo

- **Configuración del ERP:** Configurar el ERP según el diseño funcional, incluyendo la definición de usuarios, roles, permisos y personalizaciones necesarias.
- **Desarrollo de Personalizaciones:** Desarrollar cualquier funcionalidad personalizada que sea necesaria para satisfacer los requisitos empresariales.
- **Pruebas Unitarias:** Realizar pruebas unitarias para asegurar que cada componente del sistema funcione correctamente de manera aislada.

5. Pruebas del Sistema

- **Pruebas de Integración:** Realizar pruebas de integración para asegurar que todos los módulos del ERP funcionen correctamente juntos y que el sistema se integre correctamente con otros sistemas empresariales.
- **Pruebas de Usuario:** Realizar pruebas de usuario con un grupo representativo de usuarios finales para asegurar que el sistema satisfaga sus necesidades y sea fácil de usar.
- **Pruebas de Aceptación:** Realizar pruebas de aceptación del usuario para obtener la aprobación final antes del lanzamiento del sistema.

6. Implementación y Lanzamiento

- **Preparación para el Lanzamiento:** Preparar

la infraestructura técnica y el entorno de producción para el lanzamiento del ERP.

- **Migración de Datos:** Migrar los datos desde los sistemas actuales al nuevo ERP, asegurando la integridad y precisión de los datos.
- **Lanzamiento del Sistema:** Lanzar el ERP en producción y asegurar que todos los usuarios estén preparados para utilizar el nuevo sistema.

7. Soporte Post-Implementación

- **Soporte Inicial:** Proporcionar soporte intensivo durante las primeras semanas después del lanzamiento para resolver cualquier problema que surja.
- **Evaluación del Desempeño:** Monitorear el desempeño del ERP y evaluar si se están cumpliendo los objetivos del proyecto.
- **Mejoras Continuas:** Identificar oportunidades para mejorar el sistema y planificar futuras actualizaciones y mejoras.

Gestión de Recursos y Tiempo

Una gestión efectiva de los recursos y el tiempo es crucial para el éxito del proyecto. A continuación, se presentan algunas estrategias y mejores prácticas:

1. Asignación de Recursos

- **Equipo Dedicado:** Asignar un equipo dedicado al proyecto, incluyendo un gestor de proyectos con experiencia en implementaciones de ERP.
- **Colaboración:** Fomentar la colaboración entre los departamentos para asegurar que todas las áreas empresariales estén representadas y comprometidas con el proyecto.
- **Consultores Externos:** Considerar la

contratación de consultores externos con experiencia específica en el ERP seleccionado para proporcionar orientación y soporte.

2. **Gestión del Tiempo**
   - **Cronograma Realista:** Desarrollar un cronograma de proyecto realista que incluya tiempo suficiente para cada fase, especialmente para las pruebas y la formación.
   - **Hitos y Entregables:** Definir hitos y entregables claros para cada fase del proyecto y monitorear el progreso regularmente para asegurar que el proyecto se mantenga en el camino correcto.
   - **Gestión de Cambios:** Implementar un proceso formal de gestión de cambios para evaluar y aprobar cualquier cambio en el alcance, el cronograma o el presupuesto del proyecto.

Minimización de Riesgos

La implementación de un ERP implica varios riesgos que deben gestionarse proactivamente. A continuación, se presentan algunas estrategias para minimizar estos riesgos:

1. **Evaluación de Riesgos**
   - **Identificación de Riesgos:** Identificar los riesgos potenciales que podrían afectar el proyecto, incluyendo problemas técnicos, resistencia al cambio y sobrecostes.
   - **Evaluación de Impacto:** Evaluar el impacto potencial de cada riesgo y la probabilidad de que ocurra.

2. **Mitigación de Riesgos**
   - **Planes de Contingencia:** Desarrollar planes de contingencia para gestionar los riesgos identificados. Esto incluye definir acciones

específicas a tomar si un riesgo se materializa.

- **Monitoreo de Riesgos:** Monitorear continuamente los riesgos durante todo el proyecto y ajustar los planes de mitigación según sea necesario.

3. **Gestión de la Comunicación**
   - **Plan de Comunicación:** Desarrollar un plan de comunicación que incluya la frecuencia y los métodos de comunicación con todas las partes interesadas.
   - **Transparencia:** Mantener una comunicación abierta y transparente sobre el progreso del proyecto, los desafíos y las decisiones clave.

Caso de Estudio: Planificación y Gestión del Proyecto ERP en una PYME Española

Para ilustrar la planificación y gestión del proyecto ERP, consideremos el caso de una PYME española dedicada a la distribución de productos electrónicos. La empresa decidió implementar un ERP para mejorar la gestión de inventarios y optimizar sus operaciones de ventas y distribución.

1. **Iniciación del Proyecto**
   - La empresa definió el alcance del proyecto y estableció objetivos claros, como mejorar la precisión del inventario y reducir los tiempos de entrega.
   - Se formó un equipo de proyecto con representantes de todos los departamentos clave, incluyendo finanzas, ventas, compras y TI.

2. **Análisis de Requisitos**
   - El equipo de proyecto realizó talleres y

entrevistas con los usuarios finales para identificar sus necesidades y expectativas.

- Se documentaron los procesos actuales y se identificaron las brechas en comparación con las funcionalidades del ERP seleccionado.

3. Diseño del Sistema

- Se desarrolló un diseño funcional detallado que describía cómo se configuraría el ERP para satisfacer los requisitos empresariales.
- Se planificó la migración de datos y se definieron las especificaciones técnicas necesarias.

4. Configuración y Desarrollo

- El ERP se configuró según el diseño funcional, incluyendo la definición de usuarios, roles y permisos.
- Se desarrollaron personalizaciones necesarias para satisfacer las necesidades específicas de la empresa.

5. Pruebas del Sistema

- Se realizaron pruebas de integración y pruebas de usuario para asegurar que el ERP funcionara correctamente y cumpliera con las expectativas de los usuarios.
- Se realizaron pruebas de aceptación del usuario para obtener la aprobación final antes del lanzamiento.

6. Implementación y Lanzamiento

- Se preparó la infraestructura técnica y se migraron los datos desde los sistemas antiguos al nuevo ERP.
- El ERP se lanzó en producción y se proporcionó soporte intensivo durante las primeras semanas para resolver cualquier problema.

7. Soporte Post-Implementación

- Se monitoreó el desempeño del ERP y se evaluaron los resultados en comparación con los objetivos del proyecto.
- Se identificaron oportunidades para mejorar el sistema y se planificaron futuras actualizaciones y mejoras.

Conclusión

En este capítulo, hemos explorado las fases clave de la planificación y gestión del proyecto ERP, la gestión de recursos y tiempo, y las estrategias para minimizar riesgos. También hemos ilustrado el proceso con un caso de estudio real.

Una planificación y gestión efectiva del proyecto son esenciales para asegurar el éxito de la implementación de un ERP. Al seguir las mejores prácticas y gestionar proactivamente los riesgos, una PYME puede maximizar las posibilidades de una implementación exitosa y obtener los numerosos beneficios que un ERP puede ofrecer. En los próximos capítulos, continuaremos explorando aspectos críticos de la implementación del ERP, asegurando que su PYME pueda aprovechar al máximo esta poderosa herramienta.

CAPÍTULO 9:
SELECCIÓN DEL
PROVEEDOR Y
CONSULTOR DE ERP

Introducción

L a elección del proveedor y el consultor adecuados para la implementación de un ERP (Enterprise Resource Planning) es fundamental para el éxito del proyecto. Estos socios no solo proporcionan el software y los servicios necesarios, sino que también aportan experiencia y conocimientos que pueden hacer una gran diferencia en el resultado final. Este capítulo se centra en cómo seleccionar el proveedor y el consultor de ERP adecuados, incluyendo los criterios de selección, el proceso de evaluación y las mejores prácticas para asegurar una colaboración exitosa.

Cómo Elegir el Proveedor Adecuado

La selección del proveedor de ERP es un paso crítico que debe basarse en una evaluación exhaustiva de varios factores. Aquí se presentan los criterios clave a considerar:

1. **Experiencia y Reputación**
   - **Historial de Éxito:** Investigar el historial del proveedor en términos de implementaciones exitosas en empresas similares a la suya.
   - **Reputación en el Mercado:** Consultar opiniones y referencias de clientes actuales y anteriores para evaluar la reputación del proveedor.

2. **Funcionalidad del Software**
   - **Cobertura de Necesidades:** Asegurarse de que el ERP ofrecido por el proveedor cubre todas las necesidades y requisitos de su empresa.
   - **Flexibilidad y Escalabilidad:** Evaluar si el ERP es flexible y escalable para adaptarse a las futuras necesidades de la empresa.

3. **Soporte y Servicio**
   - **Soporte Técnico:** Evaluar la calidad y disponibilidad del soporte técnico ofrecido por el proveedor.
   - **Servicios de Mantenimiento:** Verificar los servicios de mantenimiento y actualizaciones que ofrece el proveedor.

4. **Coste Total de Propiedad (TCO)**
   - **Coste Inicial y Recurrente:** Considerar tanto el coste inicial de adquisición como los costes recurrentes de mantenimiento y soporte.
   - **Modelos de Licenciamiento:** Comparar los diferentes modelos de licenciamiento (perpetuo, suscripción, etc.) y su impacto en el presupuesto a largo plazo.

5. **Compatibilidad Tecnológica**
   - **Integración con Sistemas Existentes:** Asegurarse de que el ERP se integra bien con

los sistemas y aplicaciones existentes en su empresa.

- **Requisitos de Infraestructura:** Verificar los requisitos de hardware y software necesarios para implementar el ERP.

Proceso de Evaluación del Proveedor

El proceso de evaluación del proveedor debe ser meticuloso y estructurado para asegurar que se selecciona al socio adecuado. A continuación, se describe un proceso de evaluación en varios pasos:

1. **Investigación Preliminar**
   - **Identificación de Proveedores:** Identificar una lista de posibles proveedores de ERP que cumplan con los requisitos generales de su empresa.
   - **Solicitudes de Información (RFI):** Enviar solicitudes de información a los proveedores para obtener detalles sobre sus soluciones y servicios.

2. **Evaluación Detallada**
   - **Solicitudes de Propuesta (RFP):** Enviar solicitudes de propuesta a los proveedores preseleccionados, solicitando detalles específicos sobre sus soluciones, servicios, precios y referencias.
   - **Demostraciones de Producto:** Solicitar demostraciones de producto para evaluar la funcionalidad y facilidad de uso del ERP ofrecido por cada proveedor.

3. **Referencias y Casos de Estudio**
   - **Revisión de Referencias:** Contactar con referencias proporcionadas por los proveedores para obtener opiniones sobre su

experiencia con la solución y el servicio.

- **Casos de Estudio:** Revisar casos de estudio de implementaciones similares para evaluar el éxito y las mejores prácticas del proveedor.

4. Visitas a Clientes

- **Visitas a Clientes Existentes:** Si es posible, realizar visitas a empresas que ya utilizan el ERP del proveedor para obtener una visión de primera mano sobre su desempeño y soporte.

5. Comparación y Selección

- **Matriz de Evaluación:** Utilizar una matriz de evaluación que incluya criterios como funcionalidad, coste, soporte y compatibilidad para comparar las opciones de proveedores.
- **Negociación de Contratos:** Negociar los términos del contrato con el proveedor seleccionado, asegurándose de que todas las condiciones y expectativas estén claramente definidas.

Cómo Elegir el Consultor Adecuado

Además del proveedor del ERP, la selección de un consultor adecuado es crucial para asegurar una implementación exitosa. Aquí se presentan los criterios clave a considerar al seleccionar un consultor de ERP:

1. Experiencia y Conocimiento

- **Experiencia en Implementaciones de ERP:** Asegurarse de que el consultor tenga experiencia específica en implementaciones de ERP, preferiblemente en empresas similares a la suya.
- **Conocimiento del Sector:** Verificar si el consultor tiene conocimiento y experiencia en su sector específico.

2. **Capacidades y Habilidades**
   - **Habilidades Técnicas:** Evaluar las habilidades técnicas del consultor en términos de configuración, integración y personalización del ERP.
   - **Habilidades de Gestión de Proyectos:** Asegurarse de que el consultor tenga habilidades sólidas de gestión de proyectos para coordinar y supervisar todas las fases de la implementación.

3. **Enfoque y Metodología**
   - **Enfoque de Implementación:** Evaluar el enfoque y la metodología del consultor para la implementación del ERP, asegurándose de que se alineen con las necesidades y expectativas de su empresa.
   - **Planificación y Gestión del Cambio:** Verificar si el consultor tiene un enfoque estructurado para la planificación y gestión del cambio, incluyendo la formación y la comunicación con los empleados.

4. **Disponibilidad y Compromiso**
   - **Disponibilidad:** Asegurarse de que el consultor esté disponible para dedicarse al proyecto durante todas sus fases críticas.
   - **Compromiso con el Éxito del Proyecto:** Evaluar el nivel de compromiso del consultor con el éxito del proyecto, incluyendo su disposición a proporcionar soporte continuo después de la implementación.

Proceso de Evaluación del Consultor

El proceso de evaluación del consultor debe ser exhaustivo para asegurar que se selecciona al socio adecuado. A continuación, se describe un proceso de evaluación en varios pasos:

1. **Investigación Preliminar**
   - **Identificación de Consultores:** Identificar una lista de posibles consultores de ERP que cumplan con los requisitos generales de su empresa.
   - **Solicitudes de Información (RFI):** Enviar solicitudes de información a los consultores para obtener detalles sobre sus servicios y experiencia.

2. **Evaluación Detallada**
   - **Solicitudes de Propuesta (RFP):** Enviar solicitudes de propuesta a los consultores preseleccionados, solicitando detalles específicos sobre sus servicios, enfoques, precios y referencias.
   - **Entrevistas con Consultores:** Realizar entrevistas con los consultores para evaluar sus capacidades, enfoques y habilidades de comunicación.

3. **Referencias y Casos de Estudio**
   - **Revisión de Referencias:** Contactar con referencias proporcionadas por los consultores para obtener opiniones sobre su experiencia y desempeño.
   - **Casos de Estudio:** Revisar casos de estudio de implementaciones similares para evaluar el éxito y las mejores prácticas del consultor.

4. **Comparación y Selección**
   - **Matriz de Evaluación:** Utilizar una matriz de evaluación que incluya criterios como experiencia, habilidades, enfoque y coste para comparar las opciones de consultores.
   - **Negociación de Contratos:** Negociar los

términos del contrato con el consultor seleccionado, asegurándose de que todas las condiciones y expectativas estén claramente definidas.

Caso de Estudio: Selección de Proveedor y Consultor en una PYME Española

Para ilustrar el proceso de selección de proveedor y consultor, consideremos el caso de una PYME española dedicada a la fabricación de textiles. La empresa decidió implementar un ERP para mejorar la gestión de su producción y cadena de suministro.

1. **Selección del Proveedor**
   - La empresa identificó varios proveedores de ERP que cumplían con sus requisitos y envió solicitudes de información (RFI) para obtener detalles sobre sus soluciones.
   - Tras recibir las respuestas, la empresa envió solicitudes de propuesta (RFP) a los proveedores preseleccionados y realizó demostraciones de producto para evaluar la funcionalidad y facilidad de uso.
   - La empresa contactó con referencias y revisó casos de estudio para evaluar la reputación y experiencia de los proveedores.
   - Finalmente, utilizó una matriz de evaluación para comparar las opciones y seleccionó al proveedor que mejor cumplía con sus necesidades y presupuesto.

2. **Selección del Consultor**
   - La empresa identificó varios consultores de ERP con experiencia en la industria textil y envió solicitudes de información (RFI) para obtener detalles sobre sus servicios y enfoques.

- Tras recibir las respuestas, la empresa envió solicitudes de propuesta (RFP) a los consultores preseleccionados y realizó entrevistas para evaluar sus capacidades y enfoques.
- La empresa contactó con referencias y revisó casos de estudio para evaluar la experiencia y desempeño de los consultores.
- Finalmente, utilizó una matriz de evaluación para comparar las opciones y seleccionó al consultor que mejor cumplía con sus necesidades y expectativas.

Conclusión

En este capítulo, hemos explorado cómo seleccionar el proveedor y el consultor de ERP adecuados, incluyendo los criterios de selección, el proceso de evaluación y las mejores prácticas para asegurar una colaboración exitosa. También hemos ilustrado el proceso con un caso de estudio real.

La elección del proveedor y el consultor adecuados es crucial para asegurar una implementación exitosa del ERP. Al seguir un proceso meticuloso y considerar todos los factores relevantes, una PYME puede asegurarse de seleccionar socios que aporten valor y contribuyan al éxito del proyecto. En los próximos capítulos, continuaremos explorando aspectos críticos de la implementación del ERP, asegurando que su PYME pueda aprovechar al máximo esta poderosa herramienta.

CAPÍTULO 10: PREPARACIÓN PARA LA IMPLEMENTACIÓN

Introducción

L a preparación para la implementación de un ERP (Enterprise Resource Planning) es una fase crítica que sienta las bases para una implementación exitosa. Esta etapa implica la planificación de todos los aspectos técnicos y operativos, la preparación del equipo interno y la configuración inicial del sistema. Este capítulo se centra en las mejores prácticas y estrategias para asegurar que su empresa esté completamente preparada para la implementación del ERP.

Preparativos Técnicos

1. **Evaluación de la Infraestructura Tecnológica**
   - **Análisis de la Infraestructura Actual:** Revisar la infraestructura tecnológica existente para asegurarse de que puede soportar el nuevo ERP. Esto incluye servidores, redes, bases de datos y dispositivos de almacenamiento.

- **Actualización de Infraestructura:** Realizar las actualizaciones necesarias para cumplir con los requisitos técnicos del ERP. Esto puede incluir la adquisición de nuevos servidores, el aumento de la capacidad de almacenamiento o la mejora de la conectividad de red.

2. **Configuración del Entorno de Desarrollo y Pruebas**
- **Entorno de Desarrollo:** Establecer un entorno de desarrollo donde el equipo técnico pueda configurar, personalizar y probar el ERP antes de su implementación en producción.
- **Entorno de Pruebas:** Configurar un entorno de pruebas separado donde se puedan realizar pruebas de integración y pruebas de usuario sin afectar el entorno de producción.

3. **Seguridad y Copias de Seguridad**
- **Seguridad de Datos:** Implementar medidas de seguridad para proteger los datos durante la migración y la implementación del ERP. Esto incluye el cifrado de datos y el control de acceso.
- **Plan de Copias de Seguridad:** Desarrollar un plan de copias de seguridad para asegurar que los datos se respalden regularmente y se puedan recuperar en caso de fallo durante la implementación.

Preparativos Operativos

1. **Gestión del Cambio**
- **Plan de Comunicación:** Desarrollar un plan de comunicación para informar a todos los empleados sobre la implementación del ERP, sus beneficios y cómo afectará sus roles y responsabilidades.

- **Gestión de la Resistencia al Cambio:** Identificar posibles fuentes de resistencia al cambio y desarrollar estrategias para abordarlas, como la participación de los empleados en el proceso de implementación y la provisión de soporte continuo.

2. **Asignación de Roles y Responsabilidades**
   - **Definición de Roles:** Definir claramente los roles y responsabilidades de cada miembro del equipo de proyecto y de los empleados que participarán en la implementación del ERP.
   - **Asignación de Responsabilidades:** Asignar responsabilidades específicas para cada fase del proyecto, asegurando que todos sepan qué se espera de ellos y cuándo.

3. **Formación Inicial**
   - **Programa de Formación:** Desarrollar un programa de formación inicial para familiarizar a los empleados con el ERP. Esto puede incluir talleres, seminarios y sesiones de formación práctica.
   - **Materiales de Formación:** Preparar materiales de formación, como manuales, guías de usuario y videos tutoriales, que los empleados puedan utilizar como referencia durante y después de la implementación.

Configuración Inicial del Sistema

1. **Configuración de Parámetros Iniciales**
   - **Configuración del Sistema:** Configurar los parámetros iniciales del ERP según las necesidades de la empresa. Esto incluye la configuración de usuarios, roles, permisos, y preferencias del sistema.

- **Importación de Datos Iniciales:** Importar datos iniciales, como listas de clientes, proveedores y productos, para preparar el sistema para las pruebas y la implementación.

2. Personalización y Desarrollo

- **Personalización del ERP:** Personalizar el ERP para cumplir con los requisitos específicos de la empresa. Esto puede incluir la modificación de formularios, informes y flujos de trabajo.
- **Desarrollo de Funcionalidades Adicionales:** Desarrollar cualquier funcionalidad adicional que sea necesaria para satisfacer las necesidades empresariales que no estén cubiertas por el ERP estándar.

3. Integración con Otros Sistemas

- **Integración de Sistemas:** Integrar el ERP con otros sistemas empresariales existentes, como sistemas de contabilidad, gestión de inventarios y CRM, para asegurar un flujo de datos continuo y preciso.
- **Pruebas de Integración:** Realizar pruebas de integración para asegurar que todos los sistemas se comuniquen correctamente y que los datos se transfieran sin errores.

Pruebas Iniciales

1. Pruebas Unitarias

- **Pruebas de Componentes:** Realizar pruebas unitarias para asegurarse de que cada componente del ERP funcione correctamente de manera individual.
- **Resolución de Problemas:** Identificar y resolver cualquier problema o error encontrado durante las pruebas unitarias.

2. **Pruebas de Integración**
- **Pruebas de Flujo de Datos:** Realizar pruebas de integración para asegurarse de que los datos fluyan correctamente entre el ERP y otros sistemas.
- **Pruebas de Procesos de Negocio:** Probar los procesos de negocio completos, desde la entrada de datos hasta la generación de informes, para asegurar que el ERP soporte todas las operaciones empresariales de manera eficiente.

3. **Pruebas de Usuario**
- **Pruebas de Aceptación del Usuario (UAT):** Involucrar a usuarios finales en pruebas de aceptación para asegurar que el ERP cumple con sus expectativas y necesidades.
- **Feedback y Ajustes:** Recopilar feedback de los usuarios y realizar ajustes necesarios en la configuración y personalización del ERP.

Caso de Estudio: Preparación para la Implementación en una PYME Española

Para ilustrar el proceso de preparación para la implementación, consideremos el caso de una PYME española dedicada a la distribución de productos farmacéuticos. La empresa decidió implementar un ERP para mejorar la gestión de su cadena de suministro y optimizar sus operaciones de ventas.

1. **Preparativos Técnicos**
- La empresa evaluó su infraestructura tecnológica y realizó actualizaciones necesarias, incluyendo la adquisición de nuevos servidores y la mejora de la

conectividad de red.

- Se configuraron entornos de desarrollo y pruebas para permitir la configuración y pruebas del ERP sin afectar el entorno de producción.
- Se implementaron medidas de seguridad para proteger los datos y se desarrolló un plan de copias de seguridad para asegurar la recuperación de datos en caso de fallo.

2. Preparativos Operativos

- Se desarrolló un plan de comunicación para informar a todos los empleados sobre la implementación del ERP y sus beneficios.
- Se definieron claramente los roles y responsabilidades de cada miembro del equipo de proyecto y se asignaron responsabilidades específicas para cada fase del proyecto.
- Se desarrolló un programa de formación inicial y se prepararon materiales de formación para familiarizar a los empleados con el ERP.

3. Configuración Inicial del Sistema

- Se configuraron los parámetros iniciales del ERP y se importaron datos iniciales, como listas de clientes, proveedores y productos.
- Se personalizó el ERP para cumplir con los requisitos específicos de la empresa y se desarrollaron funcionalidades adicionales necesarias.
- Se integró el ERP con otros sistemas empresariales existentes y se realizaron pruebas de integración para asegurar un flujo de datos continuo y preciso.

4. Pruebas Iniciales

- Se realizaron pruebas unitarias y de integración para asegurarse de que el ERP funcionara correctamente y que los datos fluyeran sin errores.

- Se llevaron a cabo pruebas de aceptación del usuario (UAT) con usuarios finales para asegurar que el ERP cumpliera con sus expectativas y necesidades, y se realizaron ajustes basados en el feedback recibido.

Conclusión

En este capítulo, hemos explorado las mejores prácticas y estrategias para la preparación técnica y operativa para la implementación de un ERP, incluyendo la configuración inicial del sistema y la realización de pruebas iniciales. También hemos ilustrado el proceso con un caso de estudio real.

La preparación adecuada es esencial para asegurar una implementación exitosa del ERP. Al seguir estas mejores prácticas y estrategias, una PYME puede minimizar los riesgos y maximizar las posibilidades de una transición suave y efectiva al nuevo sistema ERP. En los próximos capítulos, continuaremos explorando aspectos críticos de la implementación del ERP, asegurando que su PYME pueda aprovechar al máximo esta poderosa herramienta.

CAPÍTULO 11: MIGRACIÓN DE DATOS

Introducción

La migración de datos es una de las fases más críticas y complejas en la implementación de un ERP (Enterprise Resource Planning). La precisión y la integridad de los datos son esenciales para asegurar que el nuevo sistema funcione correctamente y proporcione información fiable para la toma de decisiones. Este capítulo aborda las estrategias y mejores prácticas para una migración de datos exitosa, incluyendo la planificación, la limpieza y transformación de datos, y las pruebas de migración.

Estrategias de Migración de Datos

1. **Planificación de la Migración**
   - **Definición del Alcance:** Identificar y documentar qué datos serán migrados al nuevo ERP. Esto incluye datos maestros (clientes, proveedores, productos), datos transaccionales (órdenes de compra, ventas) y datos históricos.

- **Evaluación de Calidad de Datos:** Revisar la calidad de los datos actuales para identificar problemas como duplicados, datos incompletos o incorrectos, y planificar la limpieza de datos.
- **Establecimiento de un Cronograma:** Desarrollar un cronograma detallado para la migración de datos, asegurando que haya suficiente tiempo para la preparación, ejecución y pruebas.

2. **Selección de Herramientas y Métodos**
    - **Herramientas de Migración:** Seleccionar herramientas de migración adecuadas que puedan automatizar y facilitar el proceso. Esto puede incluir herramientas proporcionadas por el proveedor del ERP o soluciones de terceros.
    - **Métodos de Migración:** Determinar el método de migración más adecuado, como la migración en tiempo real (ETL - Extracción, Transformación y Carga) o la migración por lotes.

Limpieza y Transformación de Datos

1. **Limpieza de Datos**
    - **Eliminación de Duplicados:** Identificar y eliminar registros duplicados para asegurar que cada entidad (cliente, proveedor, producto) tenga un solo registro en el nuevo ERP.
    - **Corrección de Datos Incorrectos:** Revisar y corregir datos incorrectos, como errores tipográficos, formatos incorrectos y valores inválidos.
    - **Completitud de Datos:** Asegurarse de que

todos los campos obligatorios estén completos y que no falte información crítica.

2. Transformación de Datos

- **Estandarización de Datos:** Estandarizar formatos de datos para asegurar la consistencia. Esto puede incluir la normalización de direcciones, formatos de fechas y unidades de medida.
- **Mapeo de Datos:** Desarrollar un mapeo detallado de cómo se transferirán los datos desde los sistemas antiguos al nuevo ERP. Esto incluye definir cómo se transformarán los campos de datos para cumplir con los requisitos del ERP.
- **Validación de Transformaciones:** Probar las transformaciones de datos para asegurarse de que los datos se transfieran correctamente y cumplan con los requisitos del nuevo sistema.

Ejecución de la Migración

1. Carga Inicial de Datos

- **Migración Piloto:** Realizar una migración piloto para transferir una muestra de datos al nuevo ERP. Esto permite identificar y resolver problemas antes de la migración completa.
- **Revisión y Validación:** Revisar los datos migrados en el entorno piloto para asegurarse de que se hayan transferido correctamente y que no haya pérdida de información.
- **Ajustes Necesarios:** Realizar ajustes en el proceso de migración según los problemas identificados durante la migración piloto.

2. Migración Completa

- **Ejecución de la Migración:** Ejecutar la

migración completa de datos según el cronograma planificado. Asegurarse de que el equipo técnico esté disponible para resolver cualquier problema que surja durante la migración.

- **Monitorización en Tiempo Real:** Monitorear el proceso de migración en tiempo real para detectar y resolver problemas rápidamente.
- **Validación Post-Migración:** Validar los datos en el nuevo ERP para asegurarse de que se hayan transferido correctamente y que sean precisos y completos.

Pruebas de Migración

1. **Pruebas de Integridad de Datos**
   - **Verificación de Registros:** Verificar que todos los registros se hayan transferido correctamente desde los sistemas antiguos al nuevo ERP.
   - **Comparación de Totales:** Comparar totales y subtotales (como sumas de montos de transacciones) para asegurarse de que no haya discrepancias entre los datos antiguos y los nuevos.

2. **Pruebas de Funcionalidad**
   - **Pruebas de Procesos Empresariales:** Probar los procesos empresariales clave (como la creación de órdenes de compra y venta) utilizando los datos migrados para asegurarse de que el ERP funcione correctamente con los datos nuevos.
   - **Pruebas de Reportes:** Generar reportes en el nuevo ERP y compararlos con los reportes de los sistemas antiguos para asegurarse de que la

información sea coherente y precisa.

3. Pruebas de Rendimiento

- **Evaluación del Rendimiento:** Evaluar el rendimiento del nuevo ERP para asegurarse de que pueda manejar la carga de datos sin problemas de rendimiento.
- **Optimización de Rendimiento:** Identificar y resolver cualquier problema de rendimiento que surja durante las pruebas.

Caso de Estudio: Migración de Datos en una PYME Española

Para ilustrar el proceso de migración de datos, consideremos el caso de una PYME española dedicada a la fabricación de componentes electrónicos. La empresa decidió implementar un ERP para mejorar la gestión de inventarios y la trazabilidad de productos.

1. Planificación de la Migración

- La empresa definió el alcance de la migración, identificando los datos maestros y transaccionales que serían transferidos al nuevo ERP.
- Se realizó una evaluación de la calidad de los datos y se identificaron problemas de duplicados y datos incompletos.
- Se estableció un cronograma detallado para la migración, incluyendo tiempo suficiente para la limpieza, transformación y pruebas de datos.

2. Limpieza y Transformación de Datos

- La empresa eliminó duplicados y corrigió datos incorrectos, asegurándose de que todos los campos obligatorios estuvieran completos.

- Se estandarizaron los formatos de datos y se desarrolló un mapeo detallado de cómo se transferirían los datos al nuevo ERP.
- Las transformaciones de datos fueron validadas a través de pruebas para asegurarse de que los datos se transfirieran correctamente.

3. Ejecución de la Migración

- Se realizó una migración piloto para transferir una muestra de datos al nuevo ERP y se revisaron los datos migrados para identificar y resolver problemas.
- La migración completa se ejecutó según el cronograma planificado, con monitorización en tiempo real para resolver problemas rápidamente.
- Los datos en el nuevo ERP fueron validados para asegurarse de que se hubieran transferido correctamente y que fueran precisos y completos.

4. Pruebas de Migración

- Se realizaron pruebas de integridad de datos para verificar que todos los registros se hubieran transferido correctamente y que no hubiera discrepancias en los totales.
- Los procesos empresariales clave y los reportes fueron probados en el nuevo ERP para asegurarse de que funcionara correctamente con los datos migrados.
- Se evaluó y optimizó el rendimiento del ERP para asegurarse de que pudiera manejar la carga de datos sin problemas de rendimiento.

Conclusión

En este capítulo, hemos explorado las estrategias y mejores prácticas para una migración de datos exitosa, incluyendo la planificación, la limpieza y transformación de datos, y las pruebas de migración. También hemos ilustrado el proceso con un caso de estudio real.

La migración de datos es una fase crítica en la implementación de un ERP y requiere una planificación meticulosa y una ejecución cuidadosa para asegurar la precisión y la integridad de los datos. Al seguir estas estrategias y mejores prácticas, una PYME puede minimizar los riesgos y asegurar una transición suave y efectiva al nuevo sistema ERP. En los próximos capítulos, continuaremos explorando aspectos críticos de la implementación del ERP, asegurando que su PYME pueda aprovechar al máximo esta poderosa herramienta.

CAPÍTULO 12: PERSONALIZACIÓN Y CONFIGURACIÓN DEL ERP

Introducción

Una de las ventajas más significativas de los sistemas ERP (Enterprise Resource Planning) es su capacidad para ser personalizados y configurados según las necesidades específicas de una empresa. Sin embargo, esta personalización y configuración deben ser gestionadas cuidadosamente para asegurar que el sistema sea eficiente y sostenible a largo plazo. Este capítulo aborda las estrategias y mejores prácticas para la personalización y configuración del ERP, incluyendo la identificación de necesidades, el desarrollo y la implementación de personalizaciones, y la gestión de cambios.

Identificación de Necesidades de Personalización

1. **Análisis de Requisitos Empresariales**
   - **Evaluación de Procesos Actuales:** Revisar los procesos empresariales existentes para identificar áreas donde el ERP estándar no cumple con los requisitos específicos de la empresa.
   - **Recolección de Requisitos:** Realizar entrevistas y talleres con usuarios clave para recolectar requisitos específicos de personalización.

2. **Priorización de Personalizaciones**
   - **Impacto en el Negocio:** Evaluar el impacto de cada personalización en términos de mejora de eficiencia, reducción de costes y aumento de la satisfacción del cliente.
   - **Complejidad y Coste:** Considerar la complejidad y el coste de implementar cada personalización. Priorizar las personalizaciones que ofrezcan el mayor beneficio con el menor coste y esfuerzo.

Desarrollo y Implementación de Personalizaciones

1. **Diseño de Personalizaciones**
   - **Especificaciones Funcionales:** Documentar las especificaciones funcionales detalladas para cada personalización, incluyendo los flujos de trabajo y las reglas de negocio que deben implementarse.
   - **Especificaciones Técnicas:** Desarrollar especificaciones técnicas que describan cómo se implementarán las personalizaciones en el ERP. Esto incluye la definición de bases de datos, interfaces de usuario y lógica de

negocio.

2. Desarrollo de Personalizaciones

- **Desarrollo en el Entorno de Pruebas:** Realizar el desarrollo de personalizaciones en un entorno de pruebas para asegurar que no se afecte el entorno de producción.
- **Revisión y Validación:** Revisar el código y validar las personalizaciones para asegurarse de que cumplen con las especificaciones funcionales y técnicas. Involucrar a los usuarios finales en la validación para asegurarse de que las personalizaciones cumplen con sus necesidades.

3. Implementación de Personalizaciones

- **Plan de Implementación:** Desarrollar un plan de implementación detallado que incluya la migración de personalizaciones al entorno de producción, la capacitación de usuarios y el soporte post-implementación.
- **Pruebas de Integración:** Realizar pruebas de integración para asegurarse de que las personalizaciones funcionen correctamente con otras partes del ERP y no causen problemas de compatibilidad.
- **Despliegue en Producción:** Implementar las personalizaciones en el entorno de producción según el plan de implementación, asegurando que haya soporte técnico disponible para resolver cualquier problema que surja.

Gestión de Cambios

1. Proceso de Gestión de Cambios

- **Solicitudes de Cambio:** Establecer un proceso formal para la solicitud de cambios en el ERP.

Esto incluye la documentación de la solicitud, la evaluación del impacto y la aprobación del cambio.

- **Evaluación de Impacto:** Evaluar el impacto de cada cambio propuesto en términos de coste, tiempo, riesgo y beneficio para la empresa.
- **Aprobación de Cambios:** Implementar un proceso de aprobación de cambios que involucre a las partes interesadas clave y asegure que solo se implementen los cambios que aporten valor.

2. Comunicación de Cambios

- **Plan de Comunicación:** Desarrollar un plan de comunicación para informar a los usuarios sobre los cambios planificados, sus beneficios y cómo les afectarán.
- **Formación y Soporte:** Proporcionar formación y soporte continuo para asegurar que los usuarios entiendan y adopten los cambios implementados.

3. Monitoreo y Mejora Continua

- **Monitoreo de Desempeño:** Monitorear el desempeño de las personalizaciones y configuraciones implementadas para asegurarse de que funcionen según lo previsto y aporten los beneficios esperados.
- **Retroalimentación de Usuarios:** Recopilar retroalimentación de los usuarios finales para identificar áreas de mejora y oportunidades para optimizar las personalizaciones.
- **Ciclo de Mejora Continua:** Implementar un ciclo de mejora continua para revisar y ajustar las personalizaciones y configuraciones según sea necesario, asegurando que el ERP siga cumpliendo con las necesidades cambiantes de

la empresa.

Caso de Estudio: Personalización y Configuración del ERP en una PYME Española

Para ilustrar el proceso de personalización y configuración del ERP, consideremos el caso de una PYME española dedicada a la distribución de productos agrícolas. La empresa decidió implementar un ERP para mejorar la gestión de inventarios y optimizar las operaciones de ventas y logística.

1. **Identificación de Necesidades de Personalización**
   - La empresa realizó un análisis de sus procesos actuales y llevó a cabo entrevistas con usuarios clave para identificar las necesidades específicas de personalización. Se identificaron varias áreas donde el ERP estándar no cumplía con los requisitos de la empresa, como la gestión de lotes y la trazabilidad de productos.
   - Se priorizaron las personalizaciones basándose en el impacto en el negocio y la complejidad de implementación. La gestión de lotes y la trazabilidad de productos se consideraron de alta prioridad debido a su impacto directo en la eficiencia operativa y la satisfacción del cliente.

2. **Desarrollo y Implementación de Personalizaciones**
   - El equipo técnico desarrolló especificaciones funcionales y técnicas detalladas para las personalizaciones necesarias. Esto incluyó la creación de nuevos módulos para la gestión de lotes y la trazabilidad de productos, así como la modificación de los flujos de trabajo existentes.
   - Las personalizaciones se desarrollaron en un

entorno de pruebas y se validaron con la participación de usuarios finales para asegurarse de que cumplían con los requisitos.

- Se desarrolló un plan de implementación detallado que incluyó la migración de personalizaciones al entorno de producción, la capacitación de usuarios y el soporte post-implementación. Las pruebas de integración se realizaron para asegurar que las personalizaciones funcionaran correctamente con otras partes del ERP.

- Las personalizaciones se implementaron en el entorno de producción según el plan de implementación, y se proporcionó soporte técnico para resolver cualquier problema que surgiera.

3. Gestión de Cambios

- La empresa estableció un proceso formal para la gestión de cambios, incluyendo la solicitud, evaluación y aprobación de cambios en el ERP.

- Se desarrolló un plan de comunicación para informar a los usuarios sobre los cambios planificados, y se proporcionó formación y soporte continuo para asegurar la adopción de los cambios.

- El desempeño de las personalizaciones se monitoreó de cerca, y se recopiló retroalimentación de los usuarios para identificar áreas de mejora. Se implementó un ciclo de mejora continua para ajustar las personalizaciones según fuera necesario, asegurando que el ERP siguiera cumpliendo con las necesidades cambiantes de la empresa.

Conclusión

En este capítulo, hemos explorado las estrategias y mejores prácticas para la personalización y configuración del ERP, incluyendo la identificación de necesidades, el desarrollo y la implementación de personalizaciones, y la gestión de cambios. También hemos ilustrado el proceso con un caso de estudio real.

La personalización y configuración del ERP son esenciales para asegurar que el sistema cumpla con las necesidades específicas de la empresa y aporte los beneficios esperados. Al seguir estas estrategias y mejores prácticas, una PYME puede maximizar el valor de su inversión en el ERP y asegurar una implementación exitosa. En los próximos capítulos, continuaremos explorando aspectos críticos de la implementación del ERP, asegurando que su PYME pueda aprovechar al máximo esta poderosa herramienta.

CAPÍTULO 13: PRUEBAS Y VALIDACIÓN DEL SISTEMA

Introducción

Las pruebas y la validación del sistema ERP (Enterprise Resource Planning) son etapas críticas que aseguran que el sistema funcione correctamente y cumpla con los requisitos empresariales antes de su implementación completa. Este capítulo se centra en las estrategias y mejores prácticas para realizar pruebas exhaustivas y validar el ERP, incluyendo tipos de pruebas, planificación de pruebas, ejecución de pruebas y gestión de problemas.

Tipos de Pruebas

1. **Pruebas Unitarias**
   - **Objetivo:** Verificar que los componentes individuales del ERP, como módulos y funciones, funcionen correctamente de

manera aislada.

- **Enfoque:** Realizar pruebas detalladas de cada componente, asegurándose de que los resultados sean correctos y cumplan con las especificaciones funcionales.

2. Pruebas de Integración

- **Objetivo:** Asegurar que los diferentes módulos y componentes del ERP funcionen juntos de manera cohesiva.
- **Enfoque:** Probar los flujos de trabajo que cruzan múltiples módulos, como la integración entre la gestión de inventarios y la contabilidad.

3. Pruebas de Sistema

- **Objetivo:** Validar el sistema ERP en su totalidad, incluyendo todas las funcionalidades y flujos de trabajo.
- **Enfoque:** Realizar pruebas end-to-end que simulen escenarios de negocio reales para verificar que el sistema cumpla con los requisitos empresariales.

4. Pruebas de Aceptación del Usuario (UAT)

- **Objetivo:** Obtener la aceptación del sistema por parte de los usuarios finales.
- **Enfoque:** Involucrar a usuarios representativos en pruebas que validen que el ERP cumple con sus expectativas y necesidades.

5. Pruebas de Rendimiento

- **Objetivo:** Evaluar el rendimiento del ERP bajo diferentes cargas de trabajo.
- **Enfoque:** Realizar pruebas de carga, estrés y rendimiento para asegurar que el sistema pueda manejar el volumen de transacciones

esperado sin degradación de la performance.

Planificación de Pruebas

1. Desarrollo de un Plan de Pruebas
- **Definición de Alcance:** Determinar qué componentes y flujos de trabajo se probarán y en qué orden.
- **Criterios de Aceptación:** Establecer criterios claros para determinar si una prueba es exitosa o no.
- **Recursos y Responsabilidades:** Asignar roles y responsabilidades para la ejecución de las pruebas, incluyendo quién realizará las pruebas y quién resolverá los problemas detectados.

2. Preparación de Casos de Prueba
- **Creación de Casos de Prueba:** Desarrollar casos de prueba detallados que describan los pasos a seguir, los datos de entrada y los resultados esperados.
- **Selección de Datos de Prueba:** Seleccionar y preparar los datos de prueba necesarios para ejecutar los casos de prueba.

3. Entorno de Pruebas
- **Configuración del Entorno:** Establecer un entorno de pruebas que refleje el entorno de producción lo más cerca posible.
- **Seguridad y Copias de Seguridad:** Asegurar que los datos de prueba sean seguros y realizar copias de seguridad regulares durante el proceso de pruebas.

Ejecución de Pruebas

1. **Ejecución de Pruebas Unitarias**
   - **Pruebas Detalladas:** Ejecutar pruebas detalladas de cada componente individual del ERP.
   - **Documentación de Resultados:** Documentar los resultados de las pruebas unitarias, incluyendo cualquier problema detectado y las acciones correctivas tomadas.

2. **Ejecución de Pruebas de Integración**
   - **Flujos de Trabajo:** Probar los flujos de trabajo que cruzan múltiples módulos para asegurar que la integración sea fluida.
   - **Validación de Datos:** Verificar que los datos se transfieran correctamente entre los módulos.

3. **Ejecución de Pruebas de Sistema**
   - **Escenarios de Negocio:** Ejecutar escenarios de negocio completos que cubran todas las funcionalidades clave del ERP.
   - **Revisión Completa:** Realizar una revisión completa del sistema para asegurarse de que todas las funcionalidades estén operativas y cumplan con los requisitos.

4. **Ejecución de Pruebas de Aceptación del Usuario (UAT)**
   - **Participación de Usuarios:** Involucrar a usuarios finales en la ejecución de pruebas para validar que el sistema cumple con sus necesidades.
   - **Feedback de Usuarios:** Recopilar feedback de los usuarios y realizar ajustes necesarios en la configuración y personalización del ERP.

5. **Ejecución de Pruebas de Rendimiento**
   - **Pruebas de Carga:** Evaluar cómo se comporta el sistema bajo una carga de trabajo esperada.
   - **Pruebas de Estrés:** Identificar los límites del

JOSÉ MANUELSOLANO MARTÍNEZ

sistema sometiéndolo a cargas de trabajo extremas.

- **Optimización del Rendimiento:** Realizar ajustes y optimizaciones para mejorar el rendimiento del ERP.

Gestión de Problemas

1. Identificación y Documentación de Problemas
- **Registro de Problemas:** Utilizar una herramienta de seguimiento de problemas para registrar todos los problemas detectados durante las pruebas.
- **Prioridad y Severidad:** Clasificar los problemas según su prioridad y severidad para enfocar los esfuerzos de resolución en los problemas más críticos.

2. Resolución de Problemas
- **Análisis de Causa Raíz:** Realizar un análisis de causa raíz para identificar la fuente del problema y determinar la mejor solución.
- **Implementación de Soluciones:** Implementar soluciones y realizar pruebas adicionales para asegurarse de que los problemas se hayan resuelto correctamente.

3. Revisión y Validación Final
- **Revisiones de Calidad:** Realizar revisiones de calidad para asegurar que todos los problemas críticos se hayan resuelto y que el sistema esté listo para su implementación.
- **Validación Final:** Obtener la validación final de los usuarios y del equipo de proyecto antes de la implementación completa del ERP.

Caso de Estudio: Pruebas y

Validación del Sistema en una PYME Española

Para ilustrar el proceso de pruebas y validación del sistema, consideremos el caso de una PYME española dedicada a la distribución de alimentos. La empresa decidió implementar un ERP para mejorar la gestión de inventarios, ventas y distribución.

1. Planificación de Pruebas

- La empresa desarrolló un plan de pruebas detallado que incluía la definición del alcance, los criterios de aceptación y la asignación de recursos y responsabilidades.
- Se prepararon casos de prueba detallados y se seleccionaron datos de prueba representativos.

2. Ejecución de Pruebas

- **Pruebas Unitarias:** El equipo técnico realizó pruebas unitarias de cada componente del ERP para asegurar que funcionaran correctamente de manera aislada.
- **Pruebas de Integración:** Se realizaron pruebas de integración para asegurar que los datos se transfirieran correctamente entre los módulos de inventarios, ventas y contabilidad.
- **Pruebas de Sistema:** Se ejecutaron escenarios de negocio completos que cubrían todas las funcionalidades clave del ERP, desde la entrada de pedidos hasta la facturación y la gestión de inventarios.
- **Pruebas de Aceptación del Usuario (UAT):** Los usuarios finales participaron en las pruebas de aceptación para validar que el sistema cumpliera con sus necesidades y expectativas.
- **Pruebas de Rendimiento:** Se realizaron

pruebas de carga y estrés para evaluar el rendimiento del ERP bajo diferentes cargas de trabajo.

3. Gestión de Problemas

- Todos los problemas detectados durante las pruebas se registraron en una herramienta de seguimiento y se clasificaron según su prioridad y severidad.
- El equipo técnico realizó un análisis de causa raíz para identificar y resolver los problemas más críticos, implementando soluciones y realizando pruebas adicionales para asegurar que los problemas se hubieran resuelto correctamente.
- Se realizaron revisiones de calidad y se obtuvo la validación final de los usuarios y del equipo de proyecto antes de la implementación completa del ERP.

Conclusión

En este capítulo, hemos explorado las estrategias y mejores prácticas para realizar pruebas exhaustivas y validar el sistema ERP, incluyendo tipos de pruebas, planificación de pruebas, ejecución de pruebas y gestión de problemas. También hemos ilustrado el proceso con un caso de estudio real.

Las pruebas y la validación del sistema son esenciales para asegurar que el ERP funcione correctamente y cumpla con los requisitos empresariales antes de su implementación completa. Al seguir estas estrategias y mejores prácticas, una PYME puede minimizar los riesgos y asegurar una implementación exitosa del ERP. En los próximos capítulos, continuaremos explorando aspectos críticos de la implementación del ERP, asegurando que su PYME pueda aprovechar al máximo esta poderosa herramienta.

CAPÍTULO 14: FORMACIÓN Y CAPACITACIÓN DEL PERSONAL

Introducción

L a formación y capacitación del personal es una fase crítica en la implementación de un sistema ERP (Enterprise Resource Planning). La adopción exitosa del ERP depende en gran medida de que los empleados comprendan cómo utilizar el sistema de manera efectiva. Este capítulo se centra en las estrategias y mejores prácticas para desarrollar programas de formación efectivos, asegurando que el personal esté bien preparado para utilizar el ERP desde el primer día.

Importancia de la Formación y Capacitación

1. **Reducción de la Resistencia al Cambio**
   - **Mitigación de la Ansiedad:** La formación ayuda a reducir la ansiedad y la resistencia al

cambio al familiarizar a los empleados con el nuevo sistema.

- **Aumento de la Confianza:** Una capacitación adecuada aumenta la confianza de los empleados en su capacidad para utilizar el ERP de manera eficaz.

2. Mejora de la Productividad

- **Optimización de Procesos:** La formación permite a los empleados aprender a utilizar el ERP para optimizar los procesos empresariales, mejorando la eficiencia y la productividad.
- **Reducción de Errores:** Una buena capacitación reduce los errores, ya que los empleados están mejor preparados para utilizar las funcionalidades del ERP correctamente.

3. Alineación con Objetivos Empresariales

- **Comprensión de Beneficios:** La formación ayuda a los empleados a comprender los beneficios del ERP y cómo su uso puede contribuir al logro de los objetivos empresariales.
- **Adopción del Sistema:** Una capacitación adecuada facilita la adopción del sistema por parte de todos los empleados, asegurando un uso coherente y efectivo del ERP.

Desarrollo de un Programa de Formación

1. Evaluación de Necesidades de Formación

- **Identificación de Roles:** Identificar los diferentes roles dentro de la empresa y las necesidades específicas de formación para cada uno.
- **Análisis de Competencias:** Evaluar las

competencias actuales de los empleados y determinar las áreas que necesitan capacitación adicional.

2. Diseño del Programa de Formación

- **Objetivos de Formación:** Definir los objetivos específicos de la formación, como la familiarización con el sistema, la comprensión de procesos clave y la resolución de problemas comunes.
- **Estructura del Programa:** Diseñar una estructura de formación que incluya módulos de formación teórica y práctica, adaptados a las necesidades de cada grupo de usuarios.

3. Desarrollo de Materiales de Formación

- **Manual del Usuario:** Crear un manual del usuario detallado que incluya instrucciones paso a paso para utilizar el ERP.
- **Guías Rápidas:** Desarrollar guías rápidas y referencias visuales para facilitar el acceso a la información importante.
- **Videos Tutoriales:** Producir videos tutoriales que demuestren cómo realizar tareas específicas en el ERP.
- **Cursos Interactivos:** Crear cursos interactivos en línea que permitan a los empleados aprender a su propio ritmo.

Ejecución del Programa de Formación

1. Capacitación de Formadores

- **Formadores Internos:** Identificar y capacitar a formadores internos que puedan proporcionar formación continua y soporte a los empleados.
- **Formadores Externos:** Contratar formadores

externos si es necesario para proporcionar una capacitación especializada.

2. Implementación de la Formación

- **Sesiones Presenciales:** Organizar sesiones de formación presenciales para grupos de empleados, proporcionando oportunidades para la interacción y el aprendizaje práctico.
- **Formación en Línea:** Ofrecer cursos en línea y recursos digitales para permitir el aprendizaje a distancia y la formación continua.
- **Talleres Prácticos:** Realizar talleres prácticos donde los empleados puedan practicar el uso del ERP en un entorno controlado y recibir retroalimentación inmediata.

3. Evaluación de la Formación

- **Pruebas y Evaluaciones:** Implementar pruebas y evaluaciones para medir la comprensión y competencia de los empleados en el uso del ERP.
- **Encuestas de Satisfacción:** Recopilar retroalimentación de los empleados sobre la calidad y efectividad de la formación.
- **Ajustes y Mejoras:** Realizar ajustes en el programa de formación basándose en la retroalimentación y los resultados de las evaluaciones.

Soporte Continuo y Capacitación Adicional

1. Soporte Post-Implementación

- **Centro de Ayuda:** Establecer un centro de ayuda o una mesa de servicio para proporcionar soporte continuo a los empleados.

- **Asistencia Técnica:** Proporcionar acceso a asistencia técnica para resolver problemas y responder preguntas relacionadas con el uso del ERP.

2. **Actualización de Conocimientos**
   - **Formación Continua:** Ofrecer oportunidades de formación continua para que los empleados se mantengan actualizados con las nuevas funcionalidades y mejores prácticas del ERP.
   - **Sesiones de Refuerzo:** Organizar sesiones de refuerzo periódicas para revisar conceptos clave y abordar áreas de dificultad.

3. **Desarrollo Profesional**
   - **Certificaciones y Reconocimientos:** Ofrecer programas de certificación y reconocimientos para empleados que demuestren un alto nivel de competencia en el uso del ERP.
   - **Crecimiento de Carreras:** Fomentar el crecimiento profesional proporcionando oportunidades para que los empleados avancen en sus carreras mediante el dominio del ERP.

Caso de Estudio: Formación y Capacitación del Personal en una PYME Española

Para ilustrar el proceso de formación y capacitación del personal, consideremos el caso de una PYME española dedicada a la fabricación de muebles. La empresa decidió implementar un ERP para mejorar la gestión de producción, inventarios y ventas.

1. **Evaluación de Necesidades de Formación**
   - La empresa identificó los diferentes roles dentro de la organización, como gerentes de

producción, personal de inventarios y equipo de ventas, y evaluó sus necesidades específicas de formación.

- Se realizó un análisis de competencias para determinar las áreas que necesitaban capacitación adicional.

2. Diseño y Desarrollo del Programa de Formación

- La empresa definió los objetivos de formación, incluyendo la familiarización con el sistema, la comprensión de procesos clave y la resolución de problemas comunes.
- Se diseñó un programa de formación estructurado en módulos teóricos y prácticos, y se desarrollaron materiales de formación, como manuales del usuario, guías rápidas, videos tutoriales y cursos interactivos en línea.

3. Implementación y Evaluación de la Formación

- Se identificaron y capacitaron formadores internos, y se organizaron sesiones de formación presenciales y en línea para los empleados.
- Se realizaron talleres prácticos y se implementaron pruebas y evaluaciones para medir la comprensión y competencia de los empleados en el uso del ERP.
- La empresa recopiló retroalimentación de los empleados sobre la calidad y efectividad de la formación y realizó ajustes en el programa de formación según fuera necesario.

4. Soporte Continuo y Capacitación Adicional

- Se estableció un centro de ayuda para proporcionar soporte continuo a los empleados, y se ofreció acceso a asistencia técnica para resolver problemas y responder preguntas.

- La empresa ofreció oportunidades de formación continua y sesiones de refuerzo periódicas para mantener actualizados a los empleados con las nuevas funcionalidades y mejores prácticas del ERP.
- Se implementaron programas de certificación y reconocimiento para empleados que demostraron un alto nivel de competencia en el uso del ERP, fomentando el crecimiento profesional y el desarrollo de carreras.

Conclusión

En este capítulo, hemos explorado las estrategias y mejores prácticas para desarrollar y ejecutar programas de formación efectivos para la implementación de un ERP, incluyendo la evaluación de necesidades, el diseño del programa, la ejecución de la formación y el soporte continuo. También hemos ilustrado el proceso con un caso de estudio real.

La formación y capacitación del personal son esenciales para asegurar una adopción exitosa del ERP y maximizar los beneficios de su implementación. Al seguir estas estrategias y mejores prácticas, una PYME puede preparar a su personal para utilizar el ERP de manera eficaz y contribuir al éxito del proyecto. En los próximos capítulos, continuaremos explorando aspectos críticos de la implementación del ERP, asegurando que su PYME pueda aprovechar al máximo esta poderosa herramienta.

CAPÍTULO 15: LANZAMIENTO DEL ERP

Introducción

E l lanzamiento de un sistema ERP (Enterprise Resource Planning) es un hito crucial en su implementación. Este momento marca el inicio de la operación en vivo del sistema y requiere una preparación meticulosa para asegurar una transición suave y sin contratiempos. Este capítulo se centra en los preparativos para el lanzamiento y las estrategias de comunicación para asegurar que todos los involucrados estén informados y preparados.

Preparativos para el Lanzamiento

1. Desarrollo del Plan de Lanzamiento

- **Cronograma Detallado:** Crear un cronograma detallado que cubra todas las actividades de lanzamiento, desde la migración final de datos hasta la capacitación de usuarios y las pruebas finales.
- **Asignación de Responsabilidades:** Definir

claramente las responsabilidades de cada miembro del equipo de proyecto, asegurando que todos sepan qué tareas deben realizar y cuándo.

- **Plan de Contingencia:** Desarrollar planes de contingencia para abordar posibles problemas durante el lanzamiento. Esto incluye identificar riesgos potenciales y preparar soluciones alternativas.

2. Revisión Final del Sistema

- **Pruebas de Aceptación del Usuario (UAT):** Realizar una última ronda de pruebas de aceptación del usuario para confirmar que el sistema cumple con los requisitos y expectativas de los usuarios finales.
- **Validación de Datos:** Asegurarse de que todos los datos migrados sean precisos y estén completos. Esto incluye la validación de datos maestros y transaccionales.
- **Revisión de Configuraciones y Personalizaciones:** Verificar que todas las configuraciones y personalizaciones del sistema estén implementadas y funcionando correctamente.

3. Capacitación Final de Usuarios

- **Sesiones de Capacitación Intensiva:** Organizar sesiones de capacitación intensiva para usuarios clave y administradores del sistema, enfocándose en las funcionalidades críticas y los nuevos procesos de negocio.
- **Materiales de Apoyo:** Proporcionar manuales, guías rápidas y videos tutoriales que los usuarios puedan consultar durante y después del lanzamiento.
- **Soporte en el Sitio:** Planificar la disponibilidad

de soporte en el sitio durante las primeras semanas post-lanzamiento para resolver problemas rápidamente y apoyar a los usuarios.

4. **Preparación Técnica**
- **Configuración del Entorno de Producción:** Asegurarse de que el entorno de producción esté configurado correctamente y sea estable. Esto incluye la infraestructura de TI, redes y bases de datos.
- **Pruebas de Rendimiento:** Realizar pruebas de rendimiento para asegurarse de que el sistema pueda manejar la carga esperada sin problemas de rendimiento.
- **Copia de Seguridad y Recuperación:** Verificar que se hayan realizado copias de seguridad completas y que los planes de recuperación ante desastres estén en su lugar y hayan sido probados.

Estrategias de Comunicación

1. **Plan de Comunicación**
- **Objetivos de Comunicación:** Definir claramente los objetivos de la comunicación del lanzamiento, como mantener a todos informados, reducir la ansiedad y asegurar una adopción fluida del sistema.
- **Audiencia y Canales:** Identificar a todos los grupos de interés y los canales de comunicación más efectivos para cada grupo. Esto puede incluir correos electrónicos, reuniones, boletines internos y plataformas de colaboración en línea.
- **Mensajes Clave:** Desarrollar mensajes clave

que resalten los beneficios del nuevo ERP, los cambios esperados y los recursos disponibles para apoyar a los usuarios.

2. Campañas de Comunicación

- **Anuncios y Actualizaciones:** Enviar anuncios y actualizaciones regulares sobre el progreso del proyecto, los próximos pasos y lo que se espera de los empleados.
- **Reuniones Informativas:** Organizar reuniones informativas para responder preguntas, aclarar dudas y proporcionar detalles sobre el lanzamiento y su impacto.
- **Materiales de Comunicación:** Crear y distribuir materiales de comunicación, como infografías, preguntas frecuentes (FAQ) y guías visuales, que expliquen los aspectos clave del lanzamiento y cómo los empleados pueden prepararse.

3. Involucramiento de la Dirección

- **Apoyo Visible de la Alta Dirección:** Asegurar que la alta dirección muestre un apoyo visible y activo al proyecto de implementación del ERP. Esto puede incluir mensajes de respaldo y participación en eventos clave de comunicación.
- **Liderazgo de Cambio:** Involucrar a los líderes de la organización en la comunicación del cambio, para reforzar la importancia del proyecto y motivar a los empleados a adoptar el nuevo sistema.

4. Feedback y Ajustes

- **Recopilación de Feedback:** Establecer mecanismos para recopilar feedback de los usuarios durante y después del lanzamiento. Esto puede incluir encuestas, sesiones de retroalimentación y foros de discusión.

- **Ajustes en Tiempo Real:** Utilizar el feedback recibido para hacer ajustes rápidos y resolver problemas que puedan surgir durante el lanzamiento.

Caso de Estudio: Lanzamiento del ERP en una PYME Española

Para ilustrar el proceso de lanzamiento del ERP, consideremos el caso de una PYME española dedicada a la fabricación de componentes electrónicos. La empresa decidió implementar un ERP para mejorar la gestión de inventarios, producción y ventas.

1. **Desarrollo del Plan de Lanzamiento**
   - La empresa creó un cronograma detallado que cubría todas las actividades de lanzamiento, desde la migración final de datos hasta la capacitación de usuarios. Se asignaron responsabilidades claras a cada miembro del equipo de proyecto.
   - Se desarrollaron planes de contingencia para abordar posibles problemas durante el lanzamiento, identificando riesgos potenciales y preparando soluciones alternativas.

2. **Revisión Final del Sistema**
   - Se realizó una última ronda de pruebas de aceptación del usuario (UAT) para confirmar que el sistema cumplía con los requisitos y expectativas de los usuarios finales.
   - Se validaron todos los datos migrados para asegurar que fueran precisos y completos. Se revisaron las configuraciones y personalizaciones del sistema para asegurar que estuvieran implementadas y funcionando correctamente.

3. Capacitación Final de Usuarios

- La empresa organizó sesiones de capacitación intensiva para usuarios clave y administradores del sistema, enfocándose en las funcionalidades críticas y los nuevos procesos de negocio.
- Se proporcionaron manuales, guías rápidas y videos tutoriales que los usuarios podían consultar durante y después del lanzamiento. Se planificó la disponibilidad de soporte en el sitio durante las primeras semanas post-lanzamiento.

4. Preparación Técnica

- Se aseguró que el entorno de producción estuviera configurado correctamente y fuera estable. Se realizaron pruebas de rendimiento para asegurar que el sistema pudiera manejar la carga esperada sin problemas de rendimiento.
- Se verificó que se hubieran realizado copias de seguridad completas y que los planes de recuperación ante desastres estuvieran en su lugar y hubieran sido probados.

5. Estrategias de Comunicación

- Se definieron los objetivos de comunicación del lanzamiento y se identificaron los grupos de interés y los canales de comunicación más efectivos para cada grupo. Se desarrollaron mensajes clave que resaltaban los beneficios del nuevo ERP y los cambios esperados.
- Se enviaron anuncios y actualizaciones regulares sobre el progreso del proyecto, los próximos pasos y lo que se esperaba de los empleados. Se organizaron reuniones informativas para responder preguntas y

proporcionar detalles sobre el lanzamiento.

- La alta dirección mostró un apoyo visible y activo al proyecto de implementación del ERP, motivando a los empleados a adoptar el nuevo sistema. Se establecieron mecanismos para recopilar feedback de los usuarios y hacer ajustes rápidos durante el lanzamiento.

Conclusión

En este capítulo, hemos explorado los preparativos para el lanzamiento del ERP y las estrategias de comunicación para asegurar una transición suave y efectiva al nuevo sistema. También hemos ilustrado el proceso con un caso de estudio real.

El lanzamiento del ERP es un momento crítico que requiere una preparación meticulosa y una comunicación efectiva para minimizar interrupciones y asegurar una adopción exitosa del sistema. Al seguir estas estrategias y mejores prácticas, una PYME puede asegurar que su lanzamiento del ERP sea un éxito y que los empleados estén bien preparados para aprovechar al máximo esta poderosa herramienta. En los próximos capítulos, continuaremos explorando aspectos críticos del soporte post-implementación y la mejora continua del ERP.

CAPÍTULO 16:
SOPORTE POST-
IMPLEMENTACIÓN

Introducción

Una vez que el sistema ERP (Enterprise Resource Planning) se ha puesto en marcha, el soporte post-implementación es crucial para asegurar que el sistema funcione correctamente y que los usuarios puedan aprovechar al máximo sus capacidades. Este capítulo se centra en la importancia del soporte continuo y en cómo gestionar incidencias para mantener el sistema operativo y optimizar su uso a lo largo del tiempo.

Importancia del Soporte Continuo

1. **Minimización de Interrupciones**
   - **Resolución Rápida de Problemas:** El soporte continuo permite la identificación y resolución rápida de problemas, minimizando el impacto en las operaciones diarias.
   - **Mantenimiento de la Productividad:** Asegurar

que el sistema ERP funcione sin problemas ayuda a mantener la productividad y eficiencia operativa.

2. **Mejora de la Satisfacción del Usuario**
   - **Asistencia Oportuna:** Proveer asistencia oportuna a los usuarios aumenta su satisfacción y confianza en el sistema ERP.
   - **Reducción de la Frustración:** Un soporte efectivo ayuda a reducir la frustración del usuario al proporcionar soluciones rápidas a sus problemas.

3. **Optimización Continua del Sistema**
   - **Identificación de Oportunidades de Mejora:** El soporte continuo permite identificar áreas del sistema que pueden mejorarse o optimizarse para aumentar la eficiencia.
   - **Actualizaciones y Mejoras:** Mantener el sistema ERP actualizado con las últimas mejoras y parches de seguridad es esencial para su funcionamiento óptimo.

Gestión de Incidencias

1. **Establecimiento de un Sistema de Gestión de Incidencias**
   - **Sistema de Tickets:** Implementar un sistema de tickets para registrar, priorizar y gestionar todas las incidencias reportadas por los usuarios.
   - **Clasificación de Incidencias:** Clasificar las incidencias según su gravedad (crítica, alta, media, baja) para priorizar la resolución de los problemas más urgentes.
   - **Asignación de Responsabilidades:** Asignar las incidencias a los miembros del equipo

de soporte adecuados para asegurar una resolución rápida y eficiente.

2. Proceso de Resolución de Incidencias

- **Recepción y Registro:** Recibir y registrar todas las incidencias en el sistema de tickets, asegurando que se capture toda la información relevante.
- **Análisis y Diagnóstico:** Analizar cada incidencia para diagnosticar el problema subyacente y determinar la mejor solución.
- **Resolución y Seguimiento:** Implementar la solución y hacer un seguimiento para asegurarse de que el problema se haya resuelto completamente y que los usuarios estén satisfechos con la resolución.

3. Comunicación con los Usuarios

- **Notificaciones:** Mantener informados a los usuarios sobre el estado de sus incidencias, incluyendo la recepción, el diagnóstico y la resolución.
- **Feedback:** Solicitar feedback de los usuarios una vez que las incidencias se hayan resuelto para evaluar la efectividad del soporte y mejorar el proceso.

4. Documentación y Aprendizaje

- **Base de Conocimiento:** Crear y mantener una base de conocimiento que documente las incidencias comunes y sus soluciones. Esto facilita la resolución de problemas futuros y el entrenamiento de nuevos miembros del equipo de soporte.
- **Revisión Post-Incidencia:** Realizar revisiones post-incidencia para aprender de los problemas y mejorar continuamente el proceso de gestión de incidencias.

Caso de Estudio: Soporte Post-Implementación en una PYME Española

Para ilustrar la importancia del soporte post-implementación y la gestión de incidencias, consideremos el caso de una PYME española dedicada a la distribución de productos farmacéuticos. La empresa implementó un ERP para mejorar la gestión de inventarios y las operaciones de ventas.

1. **Establecimiento del Sistema de Soporte**
   - La empresa formó un equipo de soporte dedicado y estableció una mesa de servicio como punto de contacto centralizado para los usuarios.
   - Se implementó un sistema de tickets para gestionar y priorizar las incidencias reportadas por los usuarios.

2. **Gestión de Incidencias**
   - **Recepción y Registro:** Los usuarios reportaron incidencias a través del sistema de tickets, que fueron registradas y clasificadas según su gravedad.
   - **Análisis y Diagnóstico:** El equipo de soporte analizó cada incidencia para diagnosticar el problema subyacente y determinar la mejor solución.
   - **Resolución y Seguimiento:** Las soluciones se implementaron y se hizo un seguimiento para asegurarse de que los problemas se hubieran resuelto completamente y que los usuarios estuvieran satisfechos.

3. **Comunicación y Feedback**
   - **Notificaciones:** Los usuarios fueron

notificados sobre el estado de sus incidencias en cada etapa del proceso.

- **Feedback:** Se solicitó feedback de los usuarios una vez que las incidencias se resolvieron, lo que ayudó a evaluar la efectividad del soporte y mejorar el proceso.

4. Documentación y Mejora Continua

- **Base de Conocimiento:** La empresa creó una base de conocimiento que documentaba las incidencias comunes y sus soluciones, facilitando la resolución de problemas futuros.
- **Revisión Post-Incidencia:** Se realizaron revisiones post-incidencia para aprender de los problemas y mejorar continuamente el proceso de gestión de incidencias.

Conclusión

En este capítulo, hemos explorado la importancia del soporte post-implementación y las mejores prácticas para la gestión de incidencias. También hemos ilustrado el proceso con un caso de estudio real.

El soporte post-implementación es esencial para asegurar que el sistema ERP funcione correctamente y que los usuarios puedan aprovechar al máximo sus capacidades. Al establecer un sistema de soporte efectivo y gestionar las incidencias de manera eficiente, una PYME puede mantener la productividad, mejorar la satisfacción del usuario y optimizar continuamente el sistema ERP. En los próximos capítulos, continuaremos explorando aspectos críticos de la mejora continua y el mantenimiento del ERP, asegurando que su PYME pueda aprovechar al máximo esta poderosa herramienta.

CAPÍTULO 17:
EVALUACIÓN DEL
DESEMPEÑO DEL ERP

Introducción

La evaluación del desempeño del ERP (Enterprise Resource Planning) es una tarea crítica que permite a las empresas asegurarse de que el sistema está cumpliendo con sus objetivos y proporcionando el valor esperado. Este capítulo se centra en las estrategias y métodos para evaluar el desempeño del ERP, incluyendo la identificación de métricas clave, la recopilación de datos, y el análisis de resultados para tomar decisiones informadas sobre mejoras y ajustes necesarios.

Importancia de la Evaluación del Desempeño del ERP

1. **Aseguramiento del Valor**
   - **Confirmación de Beneficios:** Evaluar si el ERP está proporcionando los beneficios esperados, como la mejora de la eficiencia operativa y la reducción de costos.

- **Identificación de Problemas:** Detectar problemas en el rendimiento del sistema que puedan estar afectando la productividad y la satisfacción del usuario.

2. **Optimización Continua**
- **Ajustes Necesarios:** Identificar áreas donde el ERP puede mejorarse para adaptarse mejor a las necesidades de la empresa.
- **Planificación Estratégica:** Utilizar los resultados de la evaluación para planificar futuras mejoras y actualizaciones del sistema.

Identificación de Métricas Clave

1. **Eficiencia Operativa**
- **Tiempo de Procesamiento:** Medir el tiempo que tarda en completarse cada proceso clave dentro del ERP, como la entrada de pedidos, la generación de informes y la reconciliación de cuentas.
- **Tasa de Errores:** Evaluar la frecuencia y el tipo de errores que ocurren en el sistema, como errores de entrada de datos o fallos en la integración.

2. **Productividad del Usuario**
- **Adopción del Sistema:** Medir el grado en que los usuarios están adoptando el ERP y utilizando sus funcionalidades de manera efectiva.
- **Satisfacción del Usuario:** Recopilar feedback de los usuarios para evaluar su satisfacción con el sistema y su percepción de su utilidad.

3. **Rendimiento del Sistema**
- **Tiempo de Respuesta:** Medir el tiempo de respuesta del sistema para diferentes

operaciones y consultas.

- **Disponibilidad:** Evaluar la disponibilidad del sistema y la frecuencia de caídas o interrupciones del servicio.

4. Impacto Financiero

- **Retorno de la Inversión (ROI):** Calcular el ROI del ERP comparando los costos de implementación y operación con los beneficios financieros obtenidos.
- **Reducción de Costos:** Medir la reducción de costos operativos atribuibles a la implementación del ERP, como la disminución de costos de inventario y la optimización de la cadena de suministro.

Recopilación de Datos

1. Fuentes de Datos

- **Informes del Sistema:** Utilizar los informes generados por el ERP para obtener datos sobre tiempos de procesamiento, tasas de errores y rendimiento del sistema.
- **Encuestas y Cuestionarios:** Realizar encuestas y cuestionarios a los usuarios para recopilar información sobre su satisfacción y la adopción del sistema.
- **Auditorías y Revisiones:** Llevar a cabo auditorías y revisiones periódicas del sistema para evaluar su cumplimiento con las políticas y procedimientos establecidos.

2. Métodos de Recopilación

- **Monitoreo en Tiempo Real:** Implementar herramientas de monitoreo en tiempo real para rastrear el rendimiento del sistema y detectar problemas de manera proactiva.

- **Análisis de Logs:** Analizar los logs del sistema para identificar patrones y tendencias en el uso y el rendimiento del ERP.
- **Entrevistas y Grupos de Enfoque:** Realizar entrevistas y grupos de enfoque con usuarios clave para obtener una comprensión más profunda de sus experiencias y desafíos con el ERP.

Análisis de Resultados

1. Interpretación de Datos

- **Comparación con Benchmarks:** Comparar los resultados obtenidos con benchmarks de la industria para evaluar el desempeño relativo del ERP.
- **Identificación de Tendencias:** Analizar los datos para identificar tendencias y patrones que puedan indicar áreas de mejora o problemas recurrentes.

2. Informe de Evaluación

- **Resumen Ejecutivo:** Preparar un resumen ejecutivo que destaque los hallazgos clave de la evaluación del desempeño del ERP.
- **Recomendaciones:** Incluir recomendaciones específicas para mejorar el rendimiento del ERP y abordar cualquier problema identificado.
- **Plan de Acción:** Desarrollar un plan de acción para implementar las mejoras recomendadas, asignando responsabilidades y estableciendo un cronograma para su ejecución.

Caso de Estudio: Evaluación del Desempeño del ERP en

una PYME Española

Para ilustrar el proceso de evaluación del desempeño del ERP, consideremos el caso de una PYME española dedicada a la distribución de productos electrónicos. La empresa implementó un ERP para mejorar la gestión de inventarios y las operaciones de ventas.

1. **Identificación de Métricas Clave**
   - La empresa identificó métricas clave como el tiempo de procesamiento de pedidos, la tasa de errores en la entrada de datos, la adopción del sistema por parte de los usuarios y la reducción de costos operativos.

2. **Recopilación de Datos**
   - Se utilizaron informes generados por el ERP para obtener datos sobre tiempos de procesamiento y tasas de errores.
   - Se realizaron encuestas a los usuarios para evaluar su satisfacción con el sistema y su percepción de su utilidad.
   - Se llevaron a cabo auditorías periódicas del sistema para evaluar su cumplimiento con las políticas y procedimientos establecidos.

3. **Análisis de Resultados**
   - Los datos recopilados se compararon con benchmarks de la industria para evaluar el desempeño relativo del ERP.
   - Se identificaron tendencias en los datos que indicaban áreas de mejora, como la necesidad de capacitación adicional para ciertos usuarios y la optimización de ciertos procesos de negocio.
   - Se preparó un informe de evaluación que incluía un resumen ejecutivo,

recomendaciones específicas para mejorar el rendimiento del ERP y un plan de acción para implementar las mejoras recomendadas.

Conclusión

En este capítulo, hemos explorado las estrategias y métodos para la evaluación del desempeño del ERP, incluyendo la identificación de métricas clave, la recopilación de datos y el análisis de resultados. También hemos ilustrado el proceso con un caso de estudio real.

La evaluación del desempeño del ERP es esencial para asegurar que el sistema esté cumpliendo con sus objetivos y proporcionando el valor esperado. Al realizar evaluaciones regulares y tomar medidas para mejorar el rendimiento del ERP, una PYME puede maximizar el retorno de su inversión y asegurar que el sistema continúe apoyando sus operaciones y objetivos estratégicos a largo plazo.

CAPÍTULO 18: MANTENIMIENTO Y ACTUALIZACIONES DEL ERP

Introducción

E l mantenimiento y las actualizaciones regulares del sistema ERP (Enterprise Resource Planning) son esenciales para asegurar su buen funcionamiento, seguridad y adaptabilidad a las necesidades cambiantes de la empresa. Este capítulo aborda la importancia del mantenimiento continuo, las mejores prácticas para llevar a cabo actualizaciones y cómo gestionar los cambios de manera efectiva.

Importancia del Mantenimiento y Actualizaciones

1. **Seguridad**
   - **Corrección de Vulnerabilidades:** Las actualizaciones periódicas permiten corregir

vulnerabilidades de seguridad que podrían ser explotadas por atacantes.

- **Protección de Datos:** Mantener el sistema actualizado ayuda a proteger la integridad y confidencialidad de los datos empresariales.

2. Rendimiento y Estabilidad

- **Optimización del Sistema:** Las actualizaciones pueden incluir mejoras en el rendimiento y la estabilidad del sistema, asegurando que funcione de manera eficiente.
- **Corrección de Errores:** El mantenimiento regular permite identificar y corregir errores o bugs que podrían afectar el funcionamiento del ERP.

3. Adaptación a Cambios Empresariales

- **Nuevas Funcionalidades:** Las actualizaciones del ERP pueden incluir nuevas funcionalidades que apoyen las necesidades y objetivos cambiantes de la empresa.
- **Cumplimiento Normativo:** Asegurar que el ERP cumpla con las regulaciones y normativas actuales.

Estrategias de Mantenimiento

1. Mantenimiento Preventivo

- **Revisiones Regulares:** Realizar revisiones regulares del sistema para identificar y resolver problemas antes de que afecten las operaciones.
- **Monitorización Continua:** Implementar herramientas de monitorización para supervisar el rendimiento del ERP y detectar posibles problemas.

2. Mantenimiento Correctivo

- **Gestión de Incidencias:** Establecer un proceso eficiente para gestionar y resolver incidencias reportadas por los usuarios.
- **Actualizaciones de Seguridad:** Aplicar parches y actualizaciones de seguridad de manera oportuna para proteger el sistema contra amenazas.

3. Mantenimiento Evolutivo

- **Mejoras Funcionales:** Implementar mejoras y optimizaciones basadas en las necesidades cambiantes de la empresa y en el feedback de los usuarios.
- **Actualización de Hardware y Software:** Asegurar que la infraestructura de TI soporte las últimas versiones del ERP y sus funcionalidades.

Gestión de Actualizaciones

1. Planificación de Actualizaciones

- **Evaluación de Impacto:** Evaluar el impacto de las actualizaciones en el sistema y en las operaciones diarias de la empresa.
- **Cronograma de Actualizaciones:** Desarrollar un cronograma para las actualizaciones, incluyendo fechas y horarios que minimicen las interrupciones.

2. Pruebas de Actualizaciones

- **Entorno de Pruebas:** Realizar actualizaciones primero en un entorno de pruebas para identificar y resolver problemas antes de implementarlas en el entorno de producción.
- **Pruebas de Regresión:** Ejecutar pruebas de regresión para asegurarse de que las actualizaciones no afecten negativamente

otras funcionalidades del ERP.

3. Implementación de Actualizaciones

- **Plan de Implementación:** Desarrollar un plan detallado para la implementación de actualizaciones, incluyendo pasos específicos y responsables.
- **Comunicación con Usuarios:** Informar a los usuarios sobre las actualizaciones planificadas, los beneficios esperados y cualquier cambio en la funcionalidad del sistema.

4. Post-Actualización

- **Monitoreo y Soporte:** Monitorear el sistema después de las actualizaciones para identificar y resolver cualquier problema que surja.
- **Feedback de Usuarios:** Recopilar feedback de los usuarios sobre la actualización y realizar ajustes según sea necesario.

Caso de Estudio: Mantenimiento y Actualizaciones del ERP en una PYME Española

Para ilustrar el proceso de mantenimiento y actualizaciones del ERP, consideremos el caso de una PYME española dedicada a la distribución de productos alimenticios. La empresa implementó un ERP para mejorar la gestión de inventarios y las operaciones de ventas.

1. Mantenimiento Preventivo

- La empresa realiza revisiones regulares del sistema y utiliza herramientas de monitorización para supervisar el rendimiento del ERP.
- Se han establecido procesos de gestión

de incidencias para resolver problemas reportados por los usuarios de manera eficiente.

2. Mantenimiento Correctivo

- La empresa aplica parches y actualizaciones de seguridad de manera oportuna para proteger el sistema contra amenazas.
- Se han corregido errores en el sistema mediante actualizaciones regulares, mejorando la estabilidad y el rendimiento del ERP.

3. Mantenimiento Evolutivo

- Basándose en el feedback de los usuarios, la empresa ha implementado mejoras funcionales y optimizaciones en el ERP.
- La infraestructura de TI se actualiza regularmente para soportar las últimas versiones del ERP y sus funcionalidades.

4. Gestión de Actualizaciones

- La empresa evalúa el impacto de las actualizaciones y desarrolla un cronograma para su implementación, minimizando las interrupciones en las operaciones diarias.
- Las actualizaciones se prueban primero en un entorno de pruebas y se ejecutan pruebas de regresión para asegurar que no afecten negativamente otras funcionalidades del ERP.
- Un plan de implementación detallado asegura que las actualizaciones se realicen de manera ordenada y eficiente, con comunicación continua con los usuarios.
- Después de las actualizaciones, se monitorea el sistema para identificar y resolver cualquier problema, y se recopila feedback de los usuarios para realizar ajustes necesarios.

Conclusión

En este capítulo, hemos explorado la importancia del mantenimiento y las actualizaciones del ERP, así como las mejores prácticas para llevar a cabo estas actividades de manera efectiva. También hemos ilustrado el proceso con un caso de estudio real.

El mantenimiento y las actualizaciones regulares son esenciales para asegurar que el ERP funcione de manera óptima, segura y alineada con las necesidades cambiantes de la empresa. Al seguir estas estrategias y mejores prácticas, una PYME puede maximizar el valor de su ERP y asegurar que continúe apoyando sus operaciones y objetivos estratégicos a largo plazo.

CAPÍTULO 19: INTEGRACIÓN DEL ERP CON OTROS SISTEMAS

Introducción

La integración de un sistema ERP (Enterprise Resource Planning) con otros sistemas empresariales es fundamental para crear un entorno tecnológico cohesivo y eficiente. Esta integración permite que los datos fluyan sin problemas entre diferentes aplicaciones y departamentos, mejorando la toma de decisiones y optimizando los procesos empresariales. Este capítulo se centra en las estrategias y mejores prácticas para integrar el ERP con otros sistemas, abordando los métodos de integración, herramientas y tecnologías, y la gestión de la integración.

Importancia de la Integración del ERP

1. Mejora de la Eficiencia Operativa

- **Reducción de Duplicación de Datos:** La integración elimina la necesidad de introducir datos manualmente en varios sistemas, reduciendo errores y ahorrando tiempo.
- **Automatización de Procesos:** Permite la automatización de procesos empresariales que cruzan múltiples sistemas, mejorando la eficiencia y reduciendo los tiempos de ciclo.

2. Visión Integral del Negocio

- **Datos en Tiempo Real:** La integración proporciona una visión unificada y en tiempo real de las operaciones empresariales, facilitando la toma de decisiones informada.
- **Análisis Avanzado:** Permite un análisis más profundo y preciso al consolidar datos de diferentes fuentes en un único sistema.

3. Flexibilidad y Escalabilidad

- **Adaptabilidad:** Facilita la adaptación a cambios en los procesos empresariales y la incorporación de nuevas tecnologías sin interrumpir las operaciones.
- **Crecimiento Sostenible:** Soporta el crecimiento de la empresa al permitir la adición de nuevos módulos y funcionalidades según sea necesario.

Métodos de Integración

1. Integración Punto a Punto

- **Ventajas:** Es sencilla de implementar y adecuada para integraciones simples entre pocos sistemas.
- **Desventajas:** Escalabilidad limitada y mayor complejidad a medida que aumenta el número de sistemas integrados.

2. Integración a través de Middleware
- **Ventajas:** Facilita la integración entre múltiples sistemas, proporcionando una capa intermedia que maneja la comunicación y transformación de datos.
- **Desventajas:** Puede requerir una inversión inicial significativa en tecnología y formación.

3. Integración basada en API
- **Ventajas:** Las APIs permiten una integración flexible y escalable, facilitando la comunicación en tiempo real entre sistemas.
- **Desventajas:** Requiere un desarrollo y mantenimiento continuo de las APIs, así como habilidades técnicas avanzadas.

4. Plataformas de Integración como Servicio (iPaaS)
- **Ventajas:** Ofrecen una solución de integración basada en la nube que simplifica la conexión de múltiples sistemas con una infraestructura gestionada.
- **Desventajas:** Dependencia del proveedor y posibles limitaciones de personalización.

Herramientas y Tecnologías de Integración

1. Bus de Servicios Empresariales (ESB)
- **Funcionalidad:** Facilita la comunicación entre diferentes aplicaciones y servicios dentro de una arquitectura orientada a servicios (SOA).
- **Beneficios:** Ofrece una solución centralizada para la integración, gestión de servicios y transformación de datos.

2. Conectores y Adaptadores
- **Funcionalidad:** Conectan el ERP con otros

sistemas y aplicaciones, proporcionando interfaces específicas para la comunicación de datos.

- **Beneficios:** Simplifican la integración y reducen el tiempo de implementación al utilizar soluciones preconfiguradas.

3. **Plataformas de Integración de Datos**
   - **Funcionalidad:** Herramientas como Talend, Informatica y MuleSoft facilitan la integración de datos entre múltiples sistemas, gestionando la transformación y sincronización de datos.
   - **Beneficios:** Ofrecen capacidades avanzadas de integración de datos, incluyendo la calidad de datos y la gobernanza.

Gestión de la Integración

1. **Planificación de la Integración**
   - **Análisis de Requisitos:** Identificar los requisitos de integración y los sistemas que deben conectarse, así como los datos que deben intercambiarse.
   - **Estrategia de Integración:** Desarrollar una estrategia que defina los métodos, herramientas y tecnologías a utilizar para la integración.

2. **Diseño de la Integración**
   - **Arquitectura de Integración:** Diseñar una arquitectura que soporte la comunicación eficiente entre sistemas, asegurando la escalabilidad y flexibilidad.
   - **Mapeo de Datos:** Desarrollar un mapeo de datos detallado que defina cómo se transformarán y transferirán los datos entre sistemas.

3. Implementación de la Integración

- **Desarrollo y Configuración:** Implementar los conectores, adaptadores y middleware necesarios para la integración, configurándolos según los requisitos definidos.
- **Pruebas de Integración:** Realizar pruebas exhaustivas para asegurar que los sistemas se comuniquen correctamente y que los datos se transfieran sin errores.

4. Monitoreo y Mantenimiento

- **Monitorización Continua:** Implementar herramientas de monitorización para supervisar el rendimiento de la integración y detectar problemas de manera proactiva.
- **Actualización y Mejora:** Mantener la integración actualizada y optimizada, realizando ajustes y mejoras según sea necesario.

Caso de Estudio: Integración del ERP en una PYME Española

Para ilustrar el proceso de integración del ERP con otros sistemas, consideremos el caso de una PYME española dedicada a la fabricación de maquinaria industrial. La empresa decidió integrar su ERP con un sistema de gestión de la cadena de suministro (SCM) y una plataforma de comercio electrónico.

1. Planificación y Análisis de Requisitos

- La empresa identificó los sistemas que debían integrarse y los datos que debían intercambiarse, como inventarios, pedidos y envíos.
- Se desarrolló una estrategia de integración basada en middleware para facilitar la

comunicación entre el ERP, el SCM y la plataforma de comercio electrónico.

2. Diseño de la Integración

- Se diseñó una arquitectura de integración que incluía un ESB para gestionar la comunicación y transformación de datos entre los sistemas.
- Se desarrolló un mapeo de datos detallado para asegurar que los datos se transfirieran correctamente entre el ERP, el SCM y la plataforma de comercio electrónico.

3. Implementación y Pruebas

- La empresa implementó conectores y adaptadores para integrar el ERP con el SCM y la plataforma de comercio electrónico, configurándolos según los requisitos definidos.
- Se realizaron pruebas exhaustivas de integración para asegurar que los sistemas se comunicaran correctamente y que los datos se transfirieran sin errores.

4. Monitoreo y Mantenimiento

- Se implementaron herramientas de monitorización para supervisar el rendimiento de la integración y detectar problemas de manera proactiva.
- La empresa mantuvo la integración actualizada y optimizada, realizando ajustes y mejoras según fuera necesario.

Conclusión

En este capítulo, hemos explorado las estrategias y mejores prácticas para la integración del ERP con otros sistemas, incluyendo los métodos de integración, herramientas y tecnologías, y la gestión de la integración. También hemos ilustrado el proceso con un caso de estudio real.

La integración del ERP con otros sistemas es esencial para crear un entorno tecnológico cohesivo y eficiente. Al seguir estas estrategias y mejores prácticas, una PYME puede asegurar una integración exitosa, mejorando la eficiencia operativa, proporcionando una visión integral del negocio y adaptándose a las necesidades cambiantes. En los próximos capítulos, continuaremos explorando aspectos críticos de la gestión y optimización del ERP, asegurando que su PYME pueda aprovechar al máximo esta poderosa herramienta.

CAPÍTULO 20:
CASOS DE ÉXITO

Introducción

L os casos de éxito son testimonios valiosos que demuestran cómo la implementación de un ERP (Enterprise Resource Planning) puede transformar una empresa, mejorando su eficiencia operativa, optimizando procesos y proporcionando una ventaja competitiva. Este capítulo presenta varios casos de éxito de PYMEs en España que han implementado un ERP, destacando los desafíos que enfrentaron, las soluciones implementadas y los resultados obtenidos.

Caso de Éxito 1: Fabricación de Componentes Electrónicos

Empresa: ElectroComp S.A.

Sector: Fabricación de componentes electrónicos

Desafíos:

- Gestión ineficiente del inventario, con frecuentes desabastecimientos y sobrestock.
- Procesos de producción descoordinados que resultaban

en retrasos en los plazos de entrega.

- Falta de integración entre los sistemas de ventas, producción y finanzas, lo que dificultaba la toma de decisiones informada.

Solución Implementada:

- Implementación de un ERP que integrara todos los departamentos clave, incluyendo ventas, producción, inventarios y finanzas.
- Personalización del ERP para optimizar la gestión del inventario y la planificación de la producción.
- Capacitación intensiva para todos los empleados para asegurar una adopción rápida y eficiente del nuevo sistema.

Resultados:

- Reducción del 30% en los niveles de inventario sin afectar la capacidad de cumplir con los pedidos.
- Mejora del 25% en los tiempos de entrega gracias a una mejor coordinación de la producción.
- Incremento significativo en la precisión de los informes financieros y la toma de decisiones.

Caso de Éxito 2: Distribución de Productos Alimenticios

Empresa: FoodDistrib S.L.

Sector: Distribución de productos alimenticios

Desafíos:

- Procesos manuales y desorganizados para la gestión de pedidos y envíos.
- Dificultad para rastrear y gestionar la cadena de suministro.
- Falta de visibilidad en tiempo real de los niveles de stock y las ventas.

Solución Implementada:

- Implementación de un ERP con módulos específicos para la gestión de la cadena de suministro, ventas y distribución.
- Integración del ERP con los sistemas de los proveedores y clientes para una visibilidad completa de la cadena de suministro.
- Desarrollo de cuadros de mando personalizados para monitorear el rendimiento de ventas y los niveles de stock en tiempo real.

Resultados:

- Reducción del 20% en los costos operativos gracias a la optimización de la cadena de suministro.
- Mejora del 40% en la eficiencia del procesamiento de pedidos y envíos.
- Aumento del 15% en las ventas debido a una mejor gestión del inventario y la capacidad de responder rápidamente a la demanda del mercado.

Caso de Éxito 3: Servicios de Consultoría Empresarial

Empresa: ConsultCorp

Sector: Consultoría empresarial

Desafíos:

- Gestión ineficiente de proyectos y recursos, lo que resultaba en sobrecostes y retrasos.
- Dificultades para realizar un seguimiento del tiempo y los gastos de los consultores.
- Falta de integración entre la gestión de proyectos y los sistemas financieros.

Solución Implementada:

- Implementación de un ERP con módulos de gestión de

proyectos y recursos humanos.

- Personalización del ERP para incluir funciones específicas de seguimiento del tiempo y gestión de gastos.
- Integración del ERP con el sistema de contabilidad para una gestión financiera más precisa y eficiente.

Resultados:

- Reducción del 35% en los sobrecostes de proyectos gracias a una mejor gestión de recursos y seguimiento del tiempo.
- Mejora significativa en la puntualidad de los proyectos, con un 90% de los proyectos entregados a tiempo.
- Incremento del 25% en la rentabilidad de los proyectos debido a una gestión más eficiente de los recursos y los costos.

Caso de Éxito 4: Comercio Minorista de Ropa

Empresa: ModaTrend

Sector: Comercio minorista de ropa

Desafíos:

- Falta de integración entre las tiendas físicas y el comercio electrónico.
- Dificultad para gestionar el inventario en múltiples ubicaciones.
- Necesidad de mejorar la experiencia del cliente y la personalización de las ofertas.

Solución Implementada:

- Implementación de un ERP con integración completa entre el comercio electrónico y las tiendas físicas.
- Desarrollo de funcionalidades de gestión de inventario en tiempo real para todas las ubicaciones.

- Personalización del ERP para incluir módulos de CRM (Customer Relationship Management) que mejoraran la experiencia del cliente.

Resultados:

- Incremento del 50% en las ventas en línea debido a una mejor integración y gestión del inventario.
- Reducción del 25% en los costos de inventario gracias a una gestión más eficiente y en tiempo real.
- Mejora del 30% en la satisfacción del cliente, con ofertas personalizadas y una experiencia de compra coherente en todos los canales.

Conclusión

En este capítulo, hemos explorado varios casos de éxito de PYMEs en España que han implementado un ERP, destacando los desafíos que enfrentaron, las soluciones implementadas y los resultados obtenidos. Estos ejemplos demuestran cómo un ERP bien implementado puede transformar una empresa, mejorando la eficiencia operativa, optimizando procesos y proporcionando una ventaja competitiva significativa.

Al aprender de estos casos de éxito, otras empresas pueden comprender mejor el valor de la implementación de un ERP y aplicar estrategias similares para lograr sus propios objetivos empresariales. En los próximos capítulos, continuaremos explorando otros aspectos críticos de la gestión y optimización del ERP, asegurando que su PYME pueda aprovechar al máximo esta poderosa herramienta.

CAPÍTULO 21:
FUTURO DE LOS ERPS

Introducción

El mundo de los sistemas ERP (Enterprise Resource Planning) está en constante evolución, impulsado por avances tecnológicos y cambios en las necesidades empresariales. Comprender hacia dónde se dirigen los ERPs es crucial para las empresas que buscan mantenerse competitivas y preparadas para el futuro. Este capítulo explora las tendencias emergentes, las tecnologías innovadoras y las previsiones sobre el futuro de los sistemas ERP.

Tendencias Emergentes en ERPs

1. Movilidad y Acceso Remoto
- **Aplicaciones Móviles:** El acceso a los ERPs desde dispositivos móviles se está convirtiendo en un estándar, permitiendo a los empleados gestionar sus tareas y acceder a la información en cualquier momento y lugar.
- **Trabajo Remoto:** La capacidad de trabajar de forma remota, impulsada por la pandemia

de COVID-19, ha aumentado la demanda de soluciones ERP accesibles desde cualquier lugar.

2. ERP en la Nube

- **Adopción de la Nube:** Cada vez más empresas están migrando sus ERPs a la nube, beneficiándose de la escalabilidad, la reducción de costos de infraestructura y la mejora en la accesibilidad.
- **Seguridad y Cumplimiento:** Las soluciones en la nube continúan mejorando en términos de seguridad y cumplimiento normativo, lo que las hace más atractivas para las empresas de todos los tamaños.

3. Inteligencia Artificial y Machine Learning

- **Automatización de Procesos:** La IA y el machine learning están siendo integrados en los ERPs para automatizar tareas repetitivas y mejorar la eficiencia operativa.
- **Análisis Predictivo:** Estas tecnologías permiten el análisis predictivo, ayudando a las empresas a tomar decisiones informadas basadas en datos históricos y tendencias futuras.

4. Internet de las Cosas (IoT)

- **Conectividad de Dispositivos:** La integración de IoT con ERPs permite una mayor conectividad entre dispositivos, facilitando la gestión y el monitoreo en tiempo real de inventarios, maquinaria y otros activos.
- **Optimización de Procesos:** Los datos generados por los dispositivos IoT pueden ser utilizados para optimizar procesos operativos y mejorar la eficiencia general.

Tecnologías Innovadoras en ERPs

1. Blockchain

- **Transparencia y Seguridad:** La tecnología blockchain está siendo explorada para su uso en ERPs, proporcionando una mayor transparencia y seguridad en las transacciones y registros.
- **Cadena de Suministro:** Blockchain puede mejorar la trazabilidad y la gestión de la cadena de suministro, asegurando la autenticidad y reduciendo el fraude.

2. Realidad Aumentada (AR) y Realidad Virtual (VR)

- **Formación y Capacitación:** AR y VR están siendo utilizados para mejorar la formación y capacitación de los empleados, proporcionando entornos simulados para el aprendizaje práctico.
- **Visualización de Datos:** Estas tecnologías permiten una visualización más interactiva y comprensible de los datos del ERP.

3. Big Data y Analítica Avanzada

- **Gestión de Grandes Volúmenes de Datos:** Los ERPs están integrando capacidades de big data para gestionar y analizar grandes volúmenes de datos, proporcionando insights valiosos para la toma de decisiones.
- **Analítica en Tiempo Real:** La analítica avanzada permite a las empresas realizar análisis en tiempo real, mejorando la capacidad de respuesta y la agilidad operativa.

Previsiones sobre el

Futuro de los ERPs

1. Personalización y Adaptabilidad
- **ERP Modular:** Los ERPs del futuro serán más modulares y personalizables, permitiendo a las empresas seleccionar e integrar solo los módulos que necesitan.
- **Flexibilidad:** La capacidad de adaptar rápidamente el ERP a los cambios en los procesos empresariales será una característica clave.

2. Integración Universal
- **Interoperabilidad:** La necesidad de integrar el ERP con una variedad de otras aplicaciones y sistemas seguirá creciendo, impulsando el desarrollo de soluciones de integración más sofisticadas.
- **Ecosistemas Conectados:** Los ERPs se convertirán en el núcleo de ecosistemas empresariales conectados, facilitando una comunicación y colaboración más fluida entre diferentes herramientas y plataformas.

3. Enfoque en la Experiencia del Usuario
- **Interfaces de Usuario Intuitivas:** Los proveedores de ERP se centrarán cada vez más en mejorar la experiencia del usuario, desarrollando interfaces más intuitivas y fáciles de usar.
- **Soporte Personalizado:** El soporte personalizado, basado en IA y machine learning, será fundamental para ayudar a los usuarios a resolver problemas y maximizar el uso del ERP.

4. Sostenibilidad y Responsabilidad Social

- **ERP Verde:** Las empresas demandarán ERPs que les ayuden a gestionar y reducir su impacto ambiental, promoviendo prácticas sostenibles.
- **Transparencia y Ética:** Los ERPs integrarán funcionalidades para asegurar la transparencia y la ética en las operaciones empresariales, respondiendo a la creciente demanda de responsabilidad social corporativa.

Caso de Estudio: Implementación de Tecnologías Futuras en una PYME Española

Empresa: InnovTech S.L.

Sector: Tecnología e Innovación

Desafíos:

- Necesidad de una plataforma flexible y escalable para gestionar un rápido crecimiento y expansión.
- Requerimiento de análisis avanzados para tomar decisiones informadas en un mercado competitivo.
- Demanda de integraciones con múltiples aplicaciones y dispositivos IoT.

Solución Implementada:

- Migración del ERP a una solución en la nube para mejorar la escalabilidad y la accesibilidad.
- Integración de tecnologías de IA y machine learning para automatizar procesos y proporcionar análisis predictivos.
- Implementación de conectores y adaptadores para integrar el ERP con dispositivos IoT y otras aplicaciones empresariales.

Resultados:

- Mejora significativa en la eficiencia operativa y la capacidad de respuesta gracias a la automatización y la analítica avanzada.
- Reducción de costos operativos y tiempos de ciclo mediante la optimización de procesos basada en datos en tiempo real.
- Aumento de la satisfacción del cliente y la competitividad en el mercado debido a una mayor agilidad y adaptabilidad del negocio.

Conclusión

En este capítulo, hemos explorado las tendencias emergentes, las tecnologías innovadoras y las previsiones sobre el futuro de los ERPs. Estos sistemas están evolucionando rápidamente, impulsados por avances tecnológicos y las cambiantes necesidades empresariales. Al mantenerse informadas sobre estas tendencias y tecnologías, las empresas pueden prepararse mejor para el futuro, asegurando que su ERP siga siendo una herramienta valiosa y relevante.

El futuro de los ERPs promete una mayor flexibilidad, integración y personalización, permitiendo a las empresas no solo adaptarse a los cambios, sino también aprovechar nuevas oportunidades para mejorar su eficiencia operativa y competitividad. En los próximos capítulos, continuaremos explorando cómo maximizar el valor del ERP en su empresa y cómo mantenerse a la vanguardia de la innovación tecnológica.

CAPÍTULO 22: RESUMEN Y RECOMENDACIONES

Introducción

E ste capítulo final ofrece un resumen de los puntos clave tratados en el libro y proporciona recomendaciones finales para PYMES que estén considerando la implementación de un sistema ERP (Enterprise Resource Planning) o que deseen optimizar su uso actual. Estas conclusiones y recomendaciones están diseñadas para ayudar a las empresas a maximizar los beneficios de su ERP y asegurar una implementación y uso exitosos.

Resumen de Puntos Clave

1. **Importancia del ERP en una PYME**
   - Un ERP es una herramienta esencial para mejorar la eficiencia operativa, la gestión de recursos y la toma de decisiones informadas.
2. **Selección del ERP Adecuado**

- Es crucial seleccionar un ERP que se alinee con las necesidades específicas de la empresa, considerando factores como funcionalidad, costo, flexibilidad y escalabilidad.

3. **Planificación y Gestión del Proyecto**
   - Una planificación detallada y una gestión de proyectos efectiva son fundamentales para el éxito de la implementación del ERP. Esto incluye la definición de objetivos claros, la asignación de recursos adecuados y la gestión de riesgos.

4. **Migración de Datos**
   - La migración de datos debe realizarse con cuidado, asegurando la precisión y la integridad de los datos transferidos al nuevo sistema.

5. **Personalización y Configuración**
   - Adaptar el ERP a los procesos específicos de la empresa es esencial para maximizar su utilidad. Esto puede implicar personalizaciones y configuraciones detalladas.

6. **Capacitación del Personal**
   - La formación y capacitación adecuadas del personal son críticas para asegurar una adopción efectiva del ERP y minimizar la resistencia al cambio.

7. **Soporte Post-Implementación**
   - Un soporte continuo es necesario para resolver problemas, realizar actualizaciones y asegurar que el ERP siga cumpliendo con las necesidades de la empresa.

8. **Evaluación del Desempeño del ERP**
   - Evaluar regularmente el desempeño del ERP

ayuda a identificar áreas de mejora y a asegurar que el sistema esté proporcionando el valor esperado.

9. Integración con Otros Sistemas

- Integrar el ERP con otros sistemas empresariales es clave para lograr una visión integral del negocio y mejorar la eficiencia operativa.

10. Mantenimiento y Actualizaciones

- Mantener el ERP actualizado es esencial para asegurar su seguridad, rendimiento y capacidad de adaptarse a las necesidades cambiantes de la empresa.

11. Casos de Éxito

- Los ejemplos de implementaciones exitosas de ERPs en PYMES demuestran los beneficios potenciales y proporcionan lecciones valiosas para otras empresas.

12. Futuro de los ERPs

- Las tendencias emergentes y las tecnologías innovadoras, como la inteligencia artificial, la nube y el IoT, están configurando el futuro de los ERPs, ofreciendo nuevas oportunidades para mejorar la eficiencia y la competitividad.

Recomendaciones Finales para PYMES

1. Realizar una Evaluación Integral de Necesidades

- Antes de seleccionar e implementar un ERP, realizar una evaluación exhaustiva de las necesidades específicas de la empresa. Involucrar a todas las partes interesadas y definir claramente los objetivos del proyecto.

2. Seleccionar el ERP Adecuado

- Evaluar cuidadosamente las opciones disponibles en el mercado, considerando factores como funcionalidad, costo, facilidad de uso, soporte y capacidad de integración con otros sistemas.

3. Planificar Meticulosamente

- Desarrollar un plan de proyecto detallado que incluya un cronograma, hitos clave, asignación de recursos y un plan de gestión de riesgos. Asegurar una comunicación efectiva entre todos los miembros del equipo de proyecto.

4. Invertir en la Capacitación del Personal

- Proporcionar formación y capacitación adecuadas para todos los usuarios del ERP. Considerar la capacitación continua y las sesiones de refuerzo para mantener a los empleados actualizados con las nuevas funcionalidades y mejores prácticas.

5. Asegurar la Calidad de los Datos

- Realizar una limpieza exhaustiva de los datos antes de la migración y establecer procesos de control de calidad para mantener la precisión y la integridad de los datos en el nuevo sistema.

6. Fomentar la Participación de los Empleados

- Involucrar a los empleados en todas las etapas del proyecto, desde la planificación hasta la implementación y el soporte post-implementación. Escuchar sus preocupaciones y sugerencias para asegurar una adopción exitosa del ERP.

7. Establecer un Sistema de Soporte Eficiente

- Implementar un sistema de soporte que

proporcione asistencia oportuna y efectiva a los usuarios. Utilizar herramientas de gestión de incidencias y mantener una base de conocimiento actualizada.

8. Evaluar y Mejorar Continuamente

- Realizar evaluaciones regulares del desempeño del ERP y buscar oportunidades para optimizar y mejorar el sistema. Mantenerse al día con las actualizaciones y las nuevas tecnologías para asegurar que el ERP siga siendo una herramienta valiosa y relevante.

9. Planificar para el Futuro

- Considerar las tendencias emergentes y las tecnologías innovadoras al planificar futuras actualizaciones y mejoras del ERP. Asegurar que el sistema sea flexible y escalable para adaptarse a las necesidades cambiantes de la empresa.

10. Aprender de Otros

- Estudiar casos de éxito y aprender de las experiencias de otras empresas que han implementado ERPs. Aplicar las mejores prácticas y evitar los errores comunes para maximizar las posibilidades de éxito.

Conclusión

La implementación de un ERP es un esfuerzo significativo que puede transformar una PYME, mejorando su eficiencia operativa, optimizando procesos y proporcionando una ventaja competitiva. Sin embargo, el éxito de la implementación depende de una planificación cuidadosa, una ejecución meticulosa y un compromiso continuo con la mejora y la optimización del sistema.

Al seguir las recomendaciones proporcionadas en este libro, las

PYMES pueden maximizar los beneficios de su ERP, asegurando que este sistema sea una herramienta valiosa para apoyar sus operaciones y alcanzar sus objetivos estratégicos a largo plazo.

CIERRE...

Reflexión sobre la Importancia de un ERP

La implementación de un sistema ERP (Enterprise Resource Planning) representa una de las decisiones estratégicas más importantes que una PYME puede tomar. Un ERP no es solo una herramienta tecnológica; es una plataforma integral que transforma la manera en que una empresa opera, gestiona sus recursos y toma decisiones. A lo largo de este libro, hemos explorado detalladamente cada aspecto relacionado con la selección, implementación, personalización, mantenimiento y optimización de un ERP. Ahora, reflexionemos sobre su importancia y el impacto que puede tener a largo plazo en las PYMES.

1. **Centralización y Acceso a la Información**
   - **Unificación de Datos:** Los ERPs centralizan los datos de diferentes departamentos en una única base de datos, eliminando los silos de información y asegurando que todos los empleados trabajen con la misma información actualizada.
   - **Acceso en Tiempo Real:** Proporciona acceso en tiempo real a datos críticos, lo que permite una toma de decisiones más rápida y basada en datos precisos.

2. **Mejora de la Eficiencia Operativa**
   - **Automatización de Procesos:** La

automatización de tareas repetitivas reduce el tiempo y el esfuerzo necesarios para completarlas, permitiendo a los empleados centrarse en actividades de mayor valor.

- **Optimización de Recursos:** Ayuda a optimizar la gestión de recursos, desde la cadena de suministro hasta la planificación de la producción, reduciendo costos y mejorando la eficiencia.

3. Facilitación de la Escalabilidad

- **Crecimiento Sostenible:** Un ERP bien implementado proporciona una base sólida para el crecimiento empresarial, permitiendo a las empresas escalar sus operaciones sin una complejidad desmesurada.
- **Adaptabilidad:** Los ERPs modernos son modulares y flexibles, lo que facilita la adaptación a nuevas necesidades empresariales y la incorporación de nuevas funcionalidades a medida que la empresa crece.

4. Mejora de la Satisfacción del Cliente

- **Gestión de Relaciones:** Las funcionalidades de CRM (Customer Relationship Management) integradas en muchos ERPs mejoran la gestión de relaciones con los clientes, ofreciendo un servicio más personalizado y eficiente.
- **Entrega Puntual:** La optimización de la cadena de suministro y la gestión de inventarios aseguran que los productos estén disponibles cuando los clientes los necesiten, mejorando la satisfacción y fidelización del cliente.

5. Cumplimiento y Seguridad

- **Regulaciones y Normativas:** Los ERPs ayudan a las empresas a cumplir con

JOSÉ MANUELSOLANO MARTÍNEZ

las regulaciones y normativas locales e internacionales, gestionando adecuadamente la documentación y los procesos necesarios.

- **Seguridad de Datos:** Ofrecen altos niveles de seguridad para proteger los datos sensibles de la empresa, asegurando la integridad y confidencialidad de la información.

Impacto a Largo Plazo en las PYMES

El impacto de un ERP en una PYME no se limita a las mejoras operativas inmediatas; tiene un alcance mucho más amplio y duradero.

1. **Competitividad y Ventaja Estratégica**
   - **Innovación Continua:** Al adoptar tecnologías emergentes y mejorar continuamente sus procesos, las PYMES pueden mantenerse competitivas en un mercado en constante cambio.
   - **Ventaja Competitiva:** La capacidad de tomar decisiones informadas y de responder rápidamente a las demandas del mercado proporciona una ventaja competitiva significativa.

2. **Sostenibilidad y Crecimiento**
   - **Eficiencia y Rentabilidad:** La mejora en la eficiencia operativa y la optimización de recursos contribuyen a una mayor rentabilidad y sostenibilidad a largo plazo.
   - **Expansión y Nuevas Oportunidades:** Un ERP facilita la expansión a nuevos mercados y la diversificación de productos o servicios, abriendo nuevas oportunidades de negocio.

3. **Resiliencia Organizacional**
   - **Adaptación al Cambio:** La capacidad de

adaptarse rápidamente a los cambios del mercado, a nuevas normativas y a desafíos imprevistos fortalece la resiliencia de la empresa.

- **Continuidad del Negocio:** La integración y automatización de procesos críticos aseguran la continuidad del negocio incluso en situaciones adversas.

4. **Cultura de Datos y Mejora Continua**
- **Toma de Decisiones Basada en Datos:** Fomentar una cultura de datos dentro de la organización permite decisiones más estratégicas y basadas en evidencias.
- **Mejora Continua:** La evaluación continua del desempeño del ERP y la búsqueda de mejoras promueven una cultura de mejora constante dentro de la empresa.

Reflexión Final

La implementación de un ERP es una inversión significativa en tiempo, recursos y esfuerzo, pero los beneficios a largo plazo justifican con creces este compromiso. Al proporcionar una base sólida para la gestión empresarial, mejorar la eficiencia operativa, y facilitar el crecimiento y la adaptabilidad, un ERP puede transformar una PYME, preparándola para enfrentar los desafíos del futuro y aprovechar las oportunidades que se presenten.

Las PYMES que adopten y optimicen sus sistemas ERP estarán mejor posicionadas para navegar en un entorno empresarial dinámico y competitivo, asegurando no solo su supervivencia, sino también su prosperidad y éxito a largo plazo.

Lecturas Recomendadas

Para aquellos interesados en profundizar en el tema de la selección, implementación y optimización de sistemas ERP (Enterprise Resource Planning), a continuación se presenta una lista de libros y artículos recomendados que abordan diferentes aspectos de esta área. Estas lecturas ofrecen valiosos conocimientos y mejores prácticas que pueden ayudar a las PYMES a maximizar los beneficios de sus ERPs.

Libros

1. **"ERP: Making It Happen - The Implementers' Guide to Success with Enterprise Resource Planning"** por Thomas F. Wallace y Michael H. Kremzar
   - Este libro proporciona una guía práctica y detallada para la implementación de sistemas ERP, destacando las estrategias y tácticas que han demostrado ser exitosas en la práctica.

2. **"Enterprise Resource Planning Systems: Systems, Life Cycle, Electronic Commerce, and Risk"** por Daniel E. O'Leary
   - Ofrece una visión completa de los sistemas ERP, cubriendo su ciclo de vida, la integración con el comercio electrónico y la gestión de riesgos asociados.

3. **"Modern ERP: Select, Implement & Use Today's Advanced Business Systems"** por Marianne Bradford
   - Una guía completa que cubre todo el proceso de selección, implementación y uso de los sistemas ERP modernos, con un enfoque en las mejores prácticas y estudios de caso reales.

4. **"ERP Demystified"** por Alexis Leon
   - Este libro desmitifica el concepto de ERP y proporciona una comprensión clara y concisa de cómo estos sistemas funcionan y cómo pueden beneficiar a las empresas.

5. **"The SAP Green Book: A Business Guide for Effectively**

Managing the SAP Life Cycle" por Michael Doane
- Aunque se centra en SAP, una de las soluciones ERP más populares, este libro ofrece valiosas lecciones y prácticas que pueden aplicarse a otros sistemas ERP.

6. **"Beyond ERP: New IT Frameworks for Building the Next Generation Enterprise"** por Norm L. Kerr
- Explora cómo los marcos de TI más recientes y emergentes pueden complementar y expandir las capacidades de los sistemas ERP tradicionales.

Artículos

1. **"A Framework for ERP Implementation in Small and Medium Enterprises"** por Mary Sumner
- Publicado en el "Journal of Enterprise Information Management", este artículo presenta un marco específico para la implementación de ERPs en PYMES, destacando los desafíos y las mejores prácticas.

2. **"Critical Success Factors for ERP Implementations: Lessons from Five Case Studies"** por Carol Brown y Iris Vessey
- Publicado en la "Journal of Information Technology", este artículo analiza los factores críticos de éxito en la implementación de ERPs, basándose en estudios de caso reales.

3. **"The Impact of ERP on Business Performance: An Empirical Investigation"** por Mary C. Jones y Randall S. Young
- Este artículo, publicado en la "Journal of Management Information Systems", investiga el impacto de los sistemas ERP en el desempeño empresarial, proporcionando

datos empíricos y análisis detallados.

4. **"ERP Implementation Best Practices: A Survey of the Literature"** por Michael D. Olson y Pankaj Setia
   - Publicado en "Information Systems Management", este artículo ofrece una revisión exhaustiva de la literatura sobre las mejores prácticas para la implementación de ERPs.

5. **"Exploring the Integration of ERP and IoT"** por Jennifer Scholtz y Dirk Pieter van Donk
   - Un artículo que analiza las oportunidades y desafíos de integrar los sistemas ERP con las tecnologías de Internet de las Cosas (IoT), proporcionando perspectivas prácticas para las empresas.

6. **"ERP in the Cloud: The Role of Cloud Computing in ERP Systems"** por John H. Erikson y David E. Garrison
   - Publicado en "Journal of Cloud Computing", este artículo examina cómo la computación en la nube está transformando los sistemas ERP y las ventajas que ofrece a las empresas.

Estas lecturas proporcionan una base sólida para comprender y mejorar el uso de los sistemas ERP, ofreciendo tanto teorías fundamentales como estudios de caso prácticos y análisis detallados. Al explorar estos recursos, las PYMES pueden adquirir conocimientos valiosos que les ayudarán a optimizar su implementación de ERP y maximizar los beneficios obtenidos.

www.ingramcontent.com/pod-product-compliance
Lightning Source LLC
La Vergne TN
LVHW051338050326
832903LV00031B/3615

En un mercado competitivo, las PYMEs necesitan soluciones eficaces. "ERP para PYMES: Guía de Éxito" le ofrece una guía práctica para seleccionar, implementar y optimizar un sistema ERP que transforme su negocio.

Este libro le mostrará cómo entender y elegir el ERP adecuado, planificar su implementación, y personalizarlo para maximizar su utilidad. También aprenderá a capacitar a su equipo, asegurar una adopción exitosa y mantener el sistema actualizado.

Con casos de éxito y estrategias clave, "ERP para PYMES: Guía de Éxito" es su recurso esencial para mejorar la eficiencia, reducir costos y asegurar el crecimiento sostenible de su empresa.ecisiones informadas. Lleve su empresa al siguiente nivel y descubra cómo un ERP puede ser el motor de su éxito empresarial.

Soy José Manuel Solano, economista apasionado por el mundo empresarial, la geopolítica, la tecnología y el desarrollo personal. Me interesa cómo las decisiones económicas y tecnológicas influyen en nuestras vidas. He publicado, participado en conferencias y promovido la sostenibilidad. A través de mis escritos, busco inspirar, fomentar pensamiento crítico y autoconocimiento, con un firme compromiso hacia un futuro sostenible.

ISBN 9798335587181